劳动人事争议调解仲裁
坚持和发展新时代"枫桥经验"系列培训教材

劳动人事争议仲裁案例选编

中国劳动学会劳动人事争议处理专业委员会　编

中国劳动社会保障出版社

图书在版编目(CIP)数据

劳动人事争议仲裁案例选编/中国劳动学会劳动人事争议处理专业委员会编. -- 北京：中国劳动社会保障出版社，2025. -- (劳动人事争议调解仲裁坚持和发展新时代"枫桥经验"系列培训教材). -- ISBN 978-7-5167-6871-6

Ⅰ.D922.591.5

中国国家版本馆CIP数据核字第20252BX540号

劳动人事争议仲裁案例选编

LAODONG RENSHI ZHENGYI ZHONGCAI ANLI XUANBIAN

中国劳动社会保障出版社出版发行

（北京市惠新东街1号　邮政编码：100029）

*

北京瑞禾彩色印刷有限公司印刷装订　新华书店经销

787毫米×1092毫米　16开本　12印张　158千字
2025年6月第1版　2025年6月第1次印刷
定价：48.00元

营销中心电话：400-606-6496
出版社网址：https://www.class.com.cn

版权专有　　侵权必究

如有印装差错，请与本社联系调换：(010)81211666
我社将与版权执法机关配合，大力打击盗印、销售和使用盗版图书活动，敬请广大读者协助举报，经查实将给予举报者奖励。
举报电话：(010)64954652

编写人员

施　凯　徐川江　庞　莉　杨文竹　季　金　屈文英
苏庆华　毛　磊　孙维一　张淑华　吴　正　白　亮
陈世榕　江　峰　莫铸华　尹少文　刘　莉　李成春
艾比不拉·艾木都拉

审稿专家

沈建峰　黄　昆

序

典型案例对劳动争议案件处理具有指导意义

党的二十大报告指出,改革开放和社会主义现代化建设深入推进,书写了经济快速发展和社会长期稳定两大奇迹新篇章。党的二十届三中全会通过的《中共中央关于进一步全面深化改革 推进中国式现代化的决定》,明确提出"在发展中保障和改善民生是中国式现代化的重大任务",并在完善收入分配制度、完善就业优先政策、健全社会保障体系、深化医药卫生体制改革、健全人口发展支持和服务体系等方面做了全面部署,为民生保障领域改革提供了方向指引。在全面推进中国式现代化背景下,我国经济实力持续增强,新质生产力稳步发展,改革开放持续深化,重点领域风险化解有序有效,民生保障扎实有力,人民群众的获得感幸福感不断加强。

劳动关系是生产关系的重要组成部分,是最基本、最重要的社会关系之一。随着我国经济社会快速发展、产业结构转型升级、新一代信息技术全方位普及应用,我国劳动关系领域出现了许多新情况和新变化。首先,以平台用工为代表的新就业形态发展迅速,成为吸纳就业的重要途径。根据国家信息中心发布的《中国共享经济发展报告(2023)》,2022年我国共享经济市场交易规模接近3.83万亿元,共享经济活动参与人数超过8.4亿人。据不完全统计,我国平台从业人员超过8 600万人。平台用工具有用工形态多样化、工作时间灵活化、劳动报酬计件化、劳动管理算法化等特点。新就业形态在增加就业机会的同时,也对传统劳动关系的法律调整提出了很大挑战,如何保障新就业形态劳动者劳动权益成为劳动法领域的新课题。其次,渐进式延迟法定退休年龄政策的出台和生育政策的调整,为应对老龄化少子化的挑战提供了可行方案。渐进式延迟法定退休年龄改革有利于提高劳动力供给的潜力和质量，提高劳动适龄人口的劳动参与率，实现高质量充分就业。实施渐进式延迟法定退休年龄政策的同时，要注重加强对就业年龄歧视的防范和治理，对超龄劳动者基本劳动权益的保障。生育支持政策有利于促进人口均衡发展，要注重降低生育、养育、教育成本，强化对劳动者的生育支持保障。最后，随着我国产业结构的优化升级以及人工智能技术的广泛运用，劳动力市场对劳动者的知识和技能需求也发生了改变，人力资源开发有着较大的利用空间，需要不断提高教育供给和人才需求的匹配度，建立终身职业技能培训制度，完善重点群体就业支持体系等。

经济快速发展的同时，劳动关系领域各类争议纠纷也持续多发。近年来，劳动人事争议案件总量呈增长趋势。争议案件增多的原因是复杂多样的，一方面是劳动者维权意识增强、调解仲裁维权渠道畅通、调解仲裁办案效率提高、公信力增强等积极因素有助于劳动者维权；另一方面，经济波动和部分企业劳动用工不规范等不利因素也致使劳动人事争议案件频发。如何快速高效地化解劳动人事争议是当前劳动关系领域迫切需要解决的问题。

面对每年持续增加的劳动人事争议案件，全国各级劳动人事争议调解仲裁机构及人民法院发挥了积极的作用，但处理劳动人事争议案件过程中也面临许多挑战：一是我国劳动立法仍不够完善，存在很多法律规定不明确、法律适用依据不充分的情况，案件裁决存在较大自由裁量空间。例如，平台用工的出现对传统劳动关系认定标准提出了挑战，而《人力资源社会保障部　国家发展改革委　交通运输部　应急部　市场监管总局　国家医保局　最高人民法院　全国总工会关于维护新就业形态劳动者劳动保障权益的指导意见》提出的不完全劳动关系如何界定、新就业形态劳动者的权益尚未通过立法途径确定，案件的裁判没有明确的法律规定。二是劳动关系领域新情况新问题不断出现。例如，居家办公和远程工作劳动者的工作时间如何计算、加班工资能否主张、劳动报酬可否调整、受伤能否认定工伤等；《中华人民共和国民法典》实施后，如何认定职场性骚扰、如何保护劳动者隐私权、保护个人信息，以更好实现工作场所劳动者的人格权保护等，都缺乏进一步的法律规定予以明确，对于相关争议处理提出很大挑战。三是不同法律渊源对有些具体问题的规定或解释存在差异乃至冲突，对于法律适用提出挑战。劳动人事争议处理所依据的法律渊源包括《中华人民共和国劳动法》《中华人民共和国劳动合同法》《中华人民共和国社会保险法》等法律，也包括《工伤保险条例》《中华人民共和国劳动合同法实施条例》等行政法规，此外还存在大量的地方性法规、部门规章、司法解释等，这些不同的法律渊源之间的具体规定在理论与实践中也存在诸多不同理解，易造成争议处理实务中"类案不同判"的情况。

劳动人事争议的妥善化解，不仅关系劳动者合法权益的维护，更对构建和谐劳动关系、维护社会稳定有重要价值。劳动人事争议案例的整理发布，对劳动人事争议的案件处理具有很好的指导意义和功能价值。案例不仅在特定当事人之间定分止争，也记载了抽象的法律在特定场景下的具体化阐明。案件裁判过程的类型化特质，决定了其必然与将来的裁判活动产生关联。若其被认为是有价值的范例，就有机会被后来的相关裁判所参考，有助于形成集体法律共识。但是，业已形成的案件裁判的影响力是自然形成的，并非规范化、制度化的安排。劳动人事争议仲裁案例的选编，有助于裁判人员在案件审理中认识到实际关注的相同或类似情形的案件如何进行法律适用，使典型案例的运用得到实现，以发挥其指导意义。

本书共有54个案例，分为8个专题，涉及劳动关系认定、劳动合同、竞业限制协议、工作时间和休息休假、劳动报酬、人事争议以及劳动人事争议仲裁程序等内容，较为全面地涵盖了目前劳动人事争议各类案件中比较突出的问题和裁判实践中常见的有争议问题。单个案例的结构主要有基本案情、申请人请求（原告诉讼请求）、处理结果、案例评析等方面，展现了相关劳动人事争议案件的审判推理过程，宣示了仲裁员及法官对相关法律的理解说明。其中，部分案例的评析内容更详细指明具体案件的现实意义，有效回应了当前经济社会发展背景下劳动关系领域的新情况和新问题，对于维护劳动者合法权益（特别是保护新就业形态劳动者权益）、推动中国特色和谐劳动关系高质量发展更具指导价值。

林嘉

2025年1月

目 录

专题一 劳动关系认定

1. 劳动关系的确认应综合考量用工情况而不能仅凭合同名称 ………… 3
2. 代驾司机与代驾信息公司之间劳动关系的确认应重点考量管理和报酬支付方式 ………… 6
3. 如何认定网约货车司机与平台企业之间是否存在劳动关系？ ……… 9
4. 如何认定网约配送员与平台企业之间是否存在劳动关系？ ……… 13
5. 外卖平台用工合作企业通过劳务公司招用网约配送员，如何认定劳动关系？ ………… 16
6. 劳动者注册个体工商户与平台企业或其用工合作企业订立合作协议，能否认定劳动关系？ ………… 19
7. 如何认定网络主播与文化传播公司之间是否存在劳动关系？ …… 22
8. 如何认定网约家政服务人员与家政公司之间是否存在劳动关系？ ………… 25
9. 保险代理人与保险公司之间是否为劳动关系？ ………… 28
10. 青年见习人员与见习基地企业是否形成劳动关系？ ………… 32
11. 参与分红的劳动者与用人单位之间是否为劳动关系？ ………… 35

专题二 劳动合同订立及竞业限制协议

12. 视为订立无固定期限劳动合同后用人单位仍未与劳动者订立劳动合同的是否应当支付第二倍工资？ ………… 41
13. 因劳动者原因未订立劳动合同，用人单位是否应当承担责任？ … 44

14. 竞业限制经济补偿过低不影响竞业限制协议效力的认定与
违约金的支付……………………………………………………… 47
15. 用人单位未支付竞业限制经济补偿，劳动者是否需承担竞业
限制违约责任？…………………………………………………… 50

专题三　劳动合同变更和履行

16. 用人单位能否以亏损为由调岗降薪？…………………………… 55
17. 用人单位未与劳动者协商一致增加工作任务，劳动者是否有权
拒绝？……………………………………………………………… 58
18. 被派遣劳动者超时加班发生工伤，用工单位、劳务派遣单位
是否承担连带赔偿责任？………………………………………… 60
19. 用人单位如何行使用工自主权合法调整劳动者的工作岗位
和地点？…………………………………………………………… 63
20. 员工借出企业无法继续履行协议，"共享用工"如何处理？…… 66

专题四　劳动合同解除、终止和无效

21. 劳动者拒绝违法超时加班安排，用人单位能否解除劳动合同？… 71
22. 未公示或未告知劳动者的规章制度不得作为用人单位解除劳动
合同的依据………………………………………………………… 73
23. 劳务派遣单位不得因用工单位客观情况发生重大变化与劳动者
解除劳动合同……………………………………………………… 76
24. 劳动者提供虚假学历证书是否导致劳动合同无效？…………… 79
25. 提供虚假的婚姻信息是否构成欺诈并导致劳动合同无效？…… 82
26. 劳动合同中约定解除违约金是否有效？………………………… 86
27. 用人单位能否以合同约定限制劳动者的单方面解除劳动合同
权利？……………………………………………………………… 90
28. 用人单位搬迁导致劳动合同解除是否需要支付经济补偿？…… 93

29. 用人单位能否根据关联单位的规章制度解除劳动合同？………… 97

专题五 工作时间和休息休假

30. 用人单位与劳动者自行约定实行不定时工作制是否有效？……… 103
31. 用人单位能否与劳动者约定综合计算工时工作制？…………… 106
32. 用人单位未按规章制度履行加班审批手续，能否认定劳动者加班事实？………………………………………………………… 109
33. 用人单位以规章制度形式否认劳动者加班事实是否有效？……… 111
34. 受疫情影响延迟复工复产期间，用人单位是否有权单方面安排劳动者休带薪年休假？……………………………………… 114

专题六 劳动报酬

35. 用人单位应依照约定向离职员工支付年终奖……………………… 119
36. 用人单位不主动安排年休假应依法支付未休年休假工资报酬…… 122
37. 培训期间工资是否属于专项培训费用？…………………………… 125
38. 劳动者与用人单位订立放弃加班费协议，能否主张加班费？…… 128
39. 劳动者在离职文件上签字确认加班费已结清，是否有权请求支付欠付的加班费？…………………………………………………… 130
40. 用人单位与劳动者约定实行包薪制，是否需要依法支付加班费？
 ……………………………………………………………………… 133
41. 绩效工资是否计入加班工资的计算基数？………………………… 135
42. 未休"年资特别假"能否比照未休年休假工资报酬获得补偿？… 138
43. 如何理解"一个工资支付周期"，准确发放未及时返岗劳动者工资待遇？………………………………………………………… 141
44. 受新冠肺炎疫情影响用人单位部分停工停产的，能否按照停工停产规定支付工资待遇？………………………………………… 144

45. 用人单位能否以未提前 30 日以书面形式通知解除劳动合同为由对劳动者扣发工资？ ………………………………………… 147

专题七　人事争议

46. 事业单位科研人员离岗创业期间受开除处分的，原单位能否与其解除聘用合同？ ……………………………………………… 153
47. 事业单位工作人员在试用期内被证明不符合岗位要求，聘用单位能否随时单方面解除聘用合同？ ……………………………… 156
48. 医师定期考核不合格，医院能否解除聘用合同？ ………………… 161

专题八　劳动人事争议仲裁程序

49. 加班费的仲裁时效应当如何认定？ ………………………………… 165
50. 未休年休假工资报酬的仲裁时效如何计算？ ……………………… 167
51. 电子证据的采信应综合考量相关因素 ……………………………… 171
52. 处理加班费争议，如何分配举证责任？ …………………………… 174
53. 如何认定入职 20 天劳动者的月工资标准？ ……………………… 176
54. 如何快速处理拖欠农民工工资集体劳动争议？ …………………… 178

专题一 劳动关系认定

1. 劳动关系的确认应综合考量用工情况而不能仅凭合同名称

基本案情

2014年3月23日，郭某到某勘测公司工作，双方订立了劳务合同，约定合同期限为2014年3月23日至2018年12月31日，岗位为钻探工，报酬支付方式为按月计发，月工资为2 200元。郭某在某勘测公司工作期间，其社会保险费均未缴纳。郭某每天按照某勘测公司规定的"三班倒"工时制度上班，而且每次上下班都是乘坐某勘测公司的通勤车。2015年11月20日，某勘测公司派郭某等人乘坐通勤车外出开会，出发途中发生交通事故，郭某受伤。之后，郭某再未上班。郭某要求某勘测公司支付工伤待遇，但是该公司主张双方订立的合同系劳务合同，否认双方存在劳动关系并拒付工伤待遇。双方协商未果，郭某遂于2016年10月21日提起劳动争议仲裁。

申请人请求

确认郭某与某勘测公司之间存在劳动关系。

处理结果

裁决确认郭某与某勘测公司之间存在劳动关系。

案例评析

本案的争议焦点是郭某与某勘测公司之间是否具备劳动关系构成

要件。

《中华人民共和国劳动合同法》（以下简称《劳动合同法》）第七条、第十条均规定，用人单位自用工之日起与劳动者建立劳动关系。因此，确认用人单位与劳动者之间是否有劳动关系，关键是要判断双方之间是否存在实际用工。当前，仲裁实践中关于用人单位对劳动者是否有实际用工的判断依据，主要是《劳动和社会保障部关于确立劳动关系有关事项的通知》（劳社部发〔2005〕12号，以下简称《关于确立劳动关系有关事项的通知》）第一条规定。该条文明确规定："用人单位招用劳动者未订立书面劳动合同，但同时具备下列情形的，劳动关系成立。（一）用人单位和劳动者符合法律、法规规定的主体资格；（二）用人单位依法制定的各项劳动规章制度适用于劳动者，劳动者受用人单位的劳动管理，从事用人单位安排的有报酬的劳动；（三）劳动者提供的劳动是用人单位业务的组成部分。"因此，确认劳动关系需要审查双方是否具备主体资格、是否订立书面劳动合同，也需要审查劳动者是否提供有偿劳动并接受用人单位管理等实质要件。本案中，郭某与某勘测公司均具备建立劳动关系的合法主体资格。郭某受伤前在某勘测公司执行"三班倒"工时制度工作，其上下班乘坐某勘测公司的通勤车，某勘测公司按月发放工资。这些情况反映出某勘测公司对郭某的用工管理较为严格，且郭某提供的是有报酬的劳动。

另外，劳动合同也是确认劳动关系的重要证据之一。本案中，用人单位以双方订立的合同名称是"劳务合同"为由，主张双方之间是劳务关系，不存在劳动关系。但仲裁庭主要是根据合同实质内容来判断和确定合同性质，而非合同名称。《劳动合同法》第十七条规定："劳动合同应当具备以下条款：（一）用人单位的名称、住所和法定代表人或者主要负责人；（二）劳动者的姓名、住址和居民身份证或者其他有效身份证件号码；（三）劳动合同期限；（四）工作内容和工作地点；（五）工作时间和休息休假；（六）劳动报酬；（七）社会保险；（八）劳动保护、劳动条件和职业危害防护；（九）法律、法规规定应当纳入劳动合同的其他事项。劳动合同除前款规定的必备条款外，用人单位与劳动者可以约定试用期、培训、保守秘密、补充保险和福利待遇等其他事项。"本案中，虽然某勘测公司与郭某订立的合同名为"劳务合同",但是该合同约定了合同期限、岗位、劳动报酬支付方式、工资标准等内容。因此,该合同的基本内容符合《劳动合同法》第十七条规定的劳动合同要件,性质上应当是劳动合同。某勘测公司以合同名称是"劳务合同"而主张双方之间是劳务关系,该主张缺乏依据。

综上,仲裁庭认为郭某与某勘测公司之间的实际用工情况符合《劳动合同法》和《关于确立劳动关系有关事项的通知》中有关劳动关系确立的条件,因此依法确认双方之间存在劳动关系。

2. 代驾司机与代驾信息公司之间劳动关系的确认应重点考量管理和报酬支付方式

基本案情

2015年8月30日，王某进入某信息公司（该公司主要提供代驾需求信息服务）开始当代驾司机，双方未订立书面劳动合同，某信息公司也未给王某缴纳社会保险费。双方约定，某信息公司通过专属手机软件发布代驾需求信息，王某无须每天报到，只需通过手机下载的App软件获知某信息公司提供的代驾需求信息。王某可以自由选择应答，也可以拒绝接收代驾需求信息。王某的每笔收入可由其本人直接向其所服务的客户收取，也可由客户、合作酒店支付给某信息公司，再转付给王某，但某信息公司收取10%~20%的管理费用。2015年10月，王某认为自己与某信息公司之间存在劳动关系，某信息公司应基于劳动关系给予自己劳动报酬并缴纳社会保险费。某信息公司否认双方存在劳动关系，拒绝王某的要求。2015年10月23日，王某向当地劳动人事争议仲裁委员会（以下简称仲裁委员会）提起仲裁。

申请人请求

1. 支付2015年9月工资2 500元、平时加班费1 911元及双休日加班费2 008元，10月1日至22日工资2 133元、平时加班费796元、双休日加班费502元及法定节假日加班费1 882元。

2. 补缴2015年9月、10月的社会保险费，缴费基数1 800元/月。

3. 支付2015年10月1日至22日未订立书面劳动合同的二倍工资差额3 200元。

处理结果

驳回王某的仲裁请求。

案例评析

本案是当前"互联网+"时代背景下新兴业态中确认劳动关系的典型案例，主要争议焦点是王某与某信息公司之间是否存在劳动关系。《劳动合同法》第七条、第十条均规定，用人单位自用工之日起与劳动者建立劳动关系。目前，关于用工的认定，主要是依据《劳动合同法》以及《关于确立劳动关系有关事项的通知》等有关规定。《关于确立劳动关系有关事项的通知》第一条规定："用人单位招用劳动者未订立书面劳动合同，但同时具备下列情形的，劳动关系成立。（一）用人单位和劳动者符合法律、法规规定的主体资格；（二）用人单位依法制定的各项劳动规章制度适用于劳动者，劳动者受用人单位的劳动管理，从事用人单位安排的有报酬的劳动；（三）劳动者提供的劳动是用人单位业务的组成部分。"从仲裁实践看，《关于确立劳动关系有关事项的通知》中的劳动关系确立标准对新兴业态中确认劳动关系的案件仍具有指导意义。

首先，本案要分析某信息公司与王某是否具备符合法律、法规规定的主体资格。仲裁庭调查得知：某信息公司是经有关部门依法登记的企业法人；王某已经年满18周岁，属于完全民事行为能力人。因此，双方具备用人单位及劳动者主体资格。

其次，本案要分析某信息公司与王某之间是否存在管理与被管理关系。用人单位与劳动者之间管理与被管理的关系，主要指用人单位有权安排劳动者工作时间和工作内容，劳动者应当服从，无正当理由不得拒绝。本案中，王某可以自主决定是否为客户提供代驾服务，王某的工作时间非常灵活，又无固定工作地点，其可以在同一时期内为多家代驾公司提供服务。某信息公司也不对王某进行考勤管理，只负责收集、推送代驾需求信息，因此王某和某信息公司之间的从属关系、监管关系都很弱。另外，经仲裁庭调查，某信息公司不存在任何有关王某的工资支付凭证、工资支付记录、职工花名册、考勤记录、缴纳社会保险费记录等文件。因此，可以认定双方之间不存在《关于确立劳动关系有关事项的通知》所描述的管理与被管理关系。

再次，本案要分析某信息公司是否向王某支付了劳动报酬，主要是某信息公司依照约定向王某转付的客户给予王某的费用的性质。这应是客户支付给王某的费用，某信息公司只是转交，并依照约定收取一定手续费，不应理解为某信息公司支付给王某的劳动报酬。

最后，本案要分析王某提供的代驾服务是否属于某信息公司业务的组成部分。本案中，王某有权选择是否为客户提供代驾服务；某信息公司主要业务范围只是收集、推送代驾需求信息，该公司无权指定王某为客户提供代驾服务。由此可见，王某的代驾服务本身并不能算作某信息公司业务的组成部分。

综上，仲裁庭认为王某和某信息公司之间的关系不符合劳动关系的基本特征，并以双方之间不存在劳动关系为由驳回了王某的全部仲裁请求。

3. 如何认定网约货车司机与平台企业之间是否存在劳动关系？

基本案情

刘某于2020年6月14日与某信息技术公司订立为期1年的车辆管理协议。协议约定：刘某与某信息技术公司建立合作关系；刘某自备中型面包车1辆提供货物运输服务，须由本人通过公司平台在某市区域内接受公司派单并驾驶车辆，每日至少完成4单，多接订单给予加单奖励；某信息技术公司通过平台与客户结算货物运输费，每月向刘某支付包月运输服务费6 000元及奖励金，油费、过路费、停车费等另行报销。刘某从事运输工作期间，每日在公司平台签到并接受平台派单，跑单时长均在8小时以上。某信息技术公司通过平台对刘某的订单完成情况进行全程跟踪，刘某每日接单量超过4单时按照每单70元进行加单奖励，出现接单量不足4单、无故拒单、运输超时、货物损毁等情形时按照公司制定的费用结算办法扣减部分服务费。2021年3月2日，某信息技术公司与刘某订立车辆管理终止协议，载明公司因调整运营规划，与刘某协商一致提前终止合作关系。刘某认为其与某信息技术公司之间实际上已构成劳动关系，终止合作的实际法律后果是劳动关系解除，某信息技术公司应当支付经济补偿。某信息技术公司以双方书面约定建立合作关系为由否认存在劳动关系，拒绝支付经济补偿，刘某遂向仲裁委员会申请仲裁。

申请人请求

某信息技术公司支付解除劳动合同经济补偿。

处理结果

裁决某信息技术公司向刘某支付解除劳动合同经济补偿。

案例评析

本案的争议焦点是刘某与某信息技术公司之间是否符合确立劳动关系的情形。

《劳动合同法》第七条规定，"用人单位自用工之日起即与劳动者建立劳动关系"。《人力资源社会保障部　国家发展改革委　交通运输部　应急部　市场监管总局　国家医保局　最高人民法院　全国总工会关于维护新就业形态劳动者劳动保障权益的指导意见》（人社部发〔2021〕56号，以下简称《关于维护新就业形态劳动者劳动保障权益的指导意见》）规定，"根据用工事实认定企业和劳动者的关系"，以上法律规定和政策精神体现出，认定劳动关系应当坚持事实优先原则。《关于确立劳动关系有关事项的通知》相关规定体现出，劳动关系的核心特征为"劳动管理"，即劳动者与用人单位之间具有人格从属性、经济从属性、组织从属性。在新就业形态下，平台企业生产经营方式发生较大变化，劳动管理的体现形式也相应具有许多新的特点。当前，认定新就业形态劳动者与平台企业之间是否存在劳动关系，应当对照劳动管理的相关要素，综合考量人格从属性、经济从属性、组织从属性的有无及强弱。从人格从属性看，主要体现为：平台企业的工作规则、劳动纪律、奖惩办法等是否适用于劳动者，平台企业是否可通过制定规则、设定算法等对劳动者的劳动过程进行管理控制；劳动者是否须按照平台指令完成工作任务，能否自主决定工作时间、工作量等。从经济从属性看，主要体现为：平台企业是否掌握劳动者从业所必需的数据信息等重要生产资料，是否允许劳动者商定服务价格；劳动者通过平台获得的报酬是否构成其重要收入来源等。从组织从属性看，主要体现在劳动者是否被纳入平台企业的组织体系当中，成为企业生产经营组织的有机部分，并以平台名义对外提供服务等。

本案中，虽然某信息技术公司与刘某订立车辆管理协议，约定双方为合作关系，但依据相关法律规定和政策精神，仍应根据用工事实认定双方之间的法律关系性质。某信息技术公司要求须由刘某本人驾驶车辆，通过平台向刘某发送工作指令、监控刘某工作情况，并依据公司规章制度对刘某进行奖惩；刘某须遵守某信息技术公司规定的工作时间、工作量等要求，体现了较强的人格从属性。某信息技术公司占有用户需求数据信息，单方制定服务费用结算标准；刘某从业行为具有较强持续性和稳定性，其通过平台获得的服务费用构成其稳定收入来源，体现了明显的经济从属性。某信息技术公司将刘某纳入其组织体系进行管理，刘某是其稳定成员，并以平台名义对外提供服务，从事的货物运输业务属于某信息技术公司业务的组成部分，体现了较强的组织从属性。综上，某信息技术公司对刘某存在明显的劳动管理行为，符合确立劳动关系的情形，应当认定双方之间存在劳动关系。某信息技术公司与刘某订立车辆管理终止协议，实际上构成了劳动关系的解除，因此，对刘某要求某信息技术公司支付经济补偿的仲裁请求，应当予以支持。

近年来，平台经济迅速发展，创造了大量就业机会。与此同时，维护劳动者劳动保障权益面临诸多新情况新问题，其中，平台企业与劳动者之间的法律关系性质引发社会普遍关注。不同平台之间用工模式存在差异，一些平台企业占有数据信息这一新就业形态劳动者从业所必需的生产资料，通过制定规则、设定算法对劳动者的工作机会、劳动条件、劳动方式、劳动收入、进出平台等进行限制或施加影响，并从劳动者劳动成果中获益。此类模式下，平台企业并非提供信息中介、交易撮合等服务，而是对劳动者进行组织和管理，使他们按照一定模式和标准以平台名义对外提供服务，因此，其应当作为用工主体或用人单位承担相应法律义务和责任。在仲裁和司法实践中，各级劳动人事争议仲裁机构和人民法院应当注意审查平台运营方式、算法规则等，查明平台企业是否对劳动者存在劳动管理行为，据实认定法律关系性质。

〔选自《人力资源社会保障部　最高人民法院关于联合发布第三批劳动人事争议典型案例的通知》（人社部函〔2023〕36号）〕

4. 如何认定网约配送员与平台企业之间是否存在劳动关系？

基本案情

徐某于 2019 年 7 月 5 日在某科技公司餐饮外卖平台众包骑手入口注册成为网约配送员，并在线订立了网约配送协议。协议载明：徐某同意按照平台发送的配送信息自主选择接受服务订单，接单后及时完成配送，服务费按照平台统一标准按单结算。从事餐饮外卖配送业务期间，公司未对徐某上线接单时间提出要求，徐某每周实际上线接单天数为 3~6 天不等，每天上线接单时长为 2~5 小时不等。平台按照算法规则向一定区域内不特定的多名配送员发送订单信息，徐某通过抢单获得配送机会，平台向其按单结算服务费。出现配送超时、客户差评等情形时，平台核实情况后按照统一标准扣减服务费。2020 年 1 月 4 日，徐某向平台客服提出订立劳动合同、缴纳社会保险费等要求，被平台客服拒绝，遂向仲裁委员会申请仲裁。

申请人请求

确认徐某与某科技公司于 2019 年 7 月 5 日至 2020 年 1 月 4 日期间存在劳动关系，某科技公司支付解除劳动合同经济补偿。

处理结果

裁决驳回徐某的仲裁请求。

案例评析

本案的争议焦点是徐某与某科技公司之间是否符合确立劳动关系的情形。

根据《人力资源社会保障部办公厅 市场监管总局办公厅 统计局办公室关于发布智能制造工程技术人员等职业信息的通知》（人社厅发〔2020〕17号）相关规定，网约配送员是指通过移动互联网平台等，从事接收、验视客户订单，根据订单需求，按照平台智能规划路线，在一定时间内将订单物品递送至指定地点的服务人员。《关于维护新就业形态劳动者劳动保障权益的指导意见》根据平台不同用工形式，在劳动关系情形外，还明确了不完全符合确立劳动关系的情形及相应劳动者的基本权益。

本案中，徐某在某科技公司餐饮外卖平台上注册成为网约配送员，其与某科技公司均具备建立劳动关系的主体资格。认定徐某与某科技公司之间是否符合确立劳动关系的情形，需要查明某科技公司是否对徐某进行了较强程度的劳动管理。从用工事实看，徐某须遵守某科技公司制定的餐饮外卖平台配送服务规则，其订单完成时间、客户评价等均作为平台结算服务费的依据，但平台对其上线接单时间、接单量均无要求，徐某能够完全自主决定工作时间及工作量，因此，双方之间人格从属性较标准劳动关系有所弱化。某科技公司掌握徐某从事网约配送业务所必需的数据信息，制定餐饮外卖平台配送服务费结算标准和办法，徐某通过平台获得收入，双方之间具有一定的经济从属性。虽然徐某依托平台从事餐饮外卖配送业务，但某科技公司并未将其纳入平台配送业务组织体系进行管理，未按照传统劳动管理方式要求其承担组织成员义务，因此，双方之间的组织从属性较弱。综上，虽然某科技公司通过平台对徐某进行一定的劳动管理，但其程度不足以认定双方构成劳动关系。因此，对徐某提出的确认劳动关系等仲裁请求，仲裁委员会不予支持。

近年来，网约配送员成为备受社会关注的群体，如何维护好其劳动保障权益也频频引发舆论热议。在网约配送行业中，平台企业对网约配送员存在多种组织和管理模式。在类似本案的模式中，平台向非特定配送员发送订单信息，不对配送员的上线接单时间和接单量作任何要求，但与此同时，平台企业制定统一的配送服务规则和服务费结算标准，通过设定算法对配送员的配送行为进行控制和管理，并将配送时长、客户评价等作为结算服务费的依据。一方面，劳动者工作时间、工作地点更加自由，不再受限于特定的生产经营组织体系；另一方面，平台企业借助信息技术手段打破了传统用工方式的时空限制，对劳动者实现了更加精细的用工管理。对此，《关于维护新就业形态劳动者劳动保障权益的指导意见》明确不完全符合确立劳动关系的情形，并指出相关部门应指导企业与该类劳动者订立书面协议、合理确定双方权利义务，逐步推动将该类劳动者纳入最低工资、休息休假等制度保障范围。在仲裁与司法实践中，应在区分各类情形的基础上分类保障劳动者合法权益，并积极推动完善相关法律政策，进一步畅通劳动者维权渠道，充分实现平台经济良性发展与劳动者权益保护互促共进。

［选自《人力资源社会保障部　最高人民法院关于联合发布第三批劳动人事争议典型案例的通知》（人社部函〔2023〕36号）］

5. 外卖平台用工合作企业通过劳务公司招用网约配送员，如何认定劳动关系？

基本案情

某货运代理公司承包经营某外卖平台配送站点，负责该站点网约配送业务。2019年5月27日，某货运代理公司与某劳务公司订立配送业务承包协议，约定由某劳务公司负责站点的配送员招募和管理工作。何某于2019年7月28日进入某外卖平台配送站点工作，并与某劳务公司订立了为期1年的外卖配送服务协议。协议约定：何某同意在某外卖平台注册为网约配送员，并进入某货运代理公司承包的配送站点从事配送业务；何某须遵守某货运代理公司制定的站点工作制度，每周经提前申请可休息1天，每天至少在线接单8小时；何某与某劳务公司之间为劳务合作关系，某劳务公司根据订单完成量向何某按月结算劳务报酬。从事配送工作期间，何某按照某货运代理公司制定的配送员管理规则，每天8:30到站点开早会，每周工作6~7天，每天在线接单时长为8~11小时不等。何某请假时，须通过站长向某货运代理公司提出申请。某货运代理公司按照何某订单完成量向何某按月支付服务费，出现高峰时段不服从平台调配、无故拒接平台派单、超时配送、客户差评等情形时，某货运代理公司均按一定比例扣减服务费，而某劳务公司未对包含何某在内的站点配送员进行管理。2019年11月3日，何某在执行配送任务途中摔倒受伤，其要求某货运代理公司、某劳务公司按照工伤保险待遇标准向其赔偿各项治疗费用，某货运代理公司以未与何某订立任何协议为由拒绝承担责任，某劳务公司以与何某之间系劳务合作关系为由拒绝支付工伤保险待遇。2019年12月19日，何某以某货运代理公司、某劳务公司为共同被申请人向仲裁委员会申请仲裁。

申请人请求

确认何某与某货运代理公司、某劳务公司于 2019 年 7 月 28 日至 2019 年 12 月 19 日期间存在劳动关系。

处理结果

裁决何某与某货运代理公司于 2019 年 7 月 28 日至 2019 年 12 月 19 日期间存在劳动关系。

案例评析

本案的争议焦点是何某是否与两家公司存在劳动关系，或与哪家公司存在劳动关系。

本案中，从某货运代理公司与某劳务公司订立的配送业务承包协议内容看，某货运代理公司将配送员招募和管理工作外包给某劳务公司，应当由某劳务公司负责具体的用工组织和管理工作。但从本案用工事实看，某劳务公司并未对何某等站点配送员进行管理，其与某货运代理公司订立的配送业务承包协议并未实际履行；某货运代理公司虽然未与何某订立书面协议，却对其进行了劳动管理。因此，应当根据某货运代理公司对何某的劳动管理程度，认定双方之间是否存在劳动关系。何某须遵守某货运代理公司制定的配送员管理规则，按时到站点考勤；某货运代理公司对何某执行配送任务的情况进行监督，通过扣减服务费等方式对何某的工作时间、接单行为、服务质量等进行管理，双方之间存在较强的人格从属性。某货运代理公司根据单方制定的服务费结算办法向何某按月结算服务费，双方之间存在明显的经济从属性。何某虽以平台名义从事配送任务，但某货运代理公司将其纳入站点的配送组织体系进行管理，双方之间存在较强的组织从属性。综上，某货运代理公司对何某进行了较强程度的劳动管理，应当认定双方之间存在劳动关系。

《关于维护新就业形态劳动者劳动保障权益的指导意见》对平台企业采取合作用工方式组织劳动者完成平台工作的情形作出了规定。在新就业形态劳动争议处理中，一些平台用工合作企业也以外包或劳务派遣等灵活方式组织用工。部分配送站点承包经营企业形式上将配送员的招募和管理工作外包给其他企业，但实际上仍直接对配送员进行劳动管理，在劳动者主张相关权益时通常否认与劳动者之间存在劳动关系，将"外包"当成了规避相应法律责任的"挡风板""防火墙"，增加了劳动者的维权难度。在仲裁和司法实践中，应当谨慎区分劳动关系与各类民事关系，对于此类"隐蔽劳动关系"，不能简单适用"外观主义"审查，应当根据劳动管理事实和从属性特征明确劳动关系主体，依法确定各方权利义务。

〔选自《人力资源社会保障部　最高人民法院关于联合发布第三批劳动人事争议典型案例的通知》（人社部函〔2023〕36号）〕

6. 劳动者注册个体工商户与平台企业或其用工合作企业订立合作协议，能否认定劳动关系？

基本案情

孙某于 2019 年 6 月 11 日进入某外卖平台配送站点工作，该站点由某物流公司承包经营。某物流公司与孙某订立了自 2019 年 6 月 11 日起至 2021 年 6 月 10 日止的书面劳动合同。从事配送工作期间，孙某按照某物流公司要求在规定时间、指定区域范围内执行某外卖平台派发的配送任务，某物流公司根据孙某出勤及订单完成情况向其按月支付劳动报酬。某物流公司于 2020 年 8 月 21 日与某商务信息咨询公司订立服务协议，约定将含孙某在内的部分配送员委托给某商务信息咨询公司管理。在某商务信息咨询公司安排下，孙某注册了名为某配送服务部的个体工商户，并于 2020 年 9 月 6 日与某物流公司订立了为期 1 年的项目承包协议。协议约定：某配送服务部与某物流公司建立合作关系，某配送服务部承接某外卖平台配送站点的部分配送业务，某物流公司按照配送业务完成量向某配送服务部按月结算费用。此后，孙某仍然在某外卖平台配送站点从事配送工作，接受某物流公司管理，管理方式未发生任何变化。2020 年 12 月 10 日，某物流公司单方面终止项目承包协议，孙某要求某物流公司支付违法解除劳动合同赔偿金。某物流公司认为在订立项目承包协议后，双方之间已从劳动关系变为合作关系，劳动合同自动终止，并以此为由拒绝支付违法解除劳动合同赔偿金。孙某遂向仲裁委员会申请仲裁。

申请人请求

确认孙某与某物流公司于 2020 年 9 月 6 日至 2020 年 12 月 10 日期间存在劳动关系,某物流公司支付违法解除劳动合同赔偿金。

处理结果

裁决孙某与某物流公司于 2020 年 9 月 6 日至 2020 年 12 月 10 日期间存在劳动关系,某物流公司向孙某支付违法解除劳动合同赔偿金。

案例评析

本案的争议焦点是,在孙某以个体工商户名义订立项目承包协议的情况下,其与某物流公司之间是否存在劳动关系。

从法律主体资格看,劳动者注册为个体工商户后,既可以作为自然人与其他用人单位建立劳动关系,也有权以个体工商户名义开展市场经营活动。在第一种情形下,劳动者与企业之间存在"管理-从属"关系,即企业对劳动者实施劳动管理,劳动者向企业提供从属性劳动,双方之间市场主体地位不平等,法律关系呈现明显的从属性。在第二种情形下,个体工商户与企业均具有平等的市场主体法律地位,个体工商户可以依照约定向企业提供服务并获取对价,但服务内容和方式、对价形式及多少等事项由双方协商确定,企业与个体工商户背后的自然人之间不具有"管理-从属"关系。

本案中,在某商务信息咨询公司安排下,孙某注册为个体工商户,并以个体工商户名义与某物流公司书面约定建立合作关系,但从用工事实看,某物流公司与孙某之间完全延续了此前的劳动管理方式,孙某仍然向某物流公司提供从属性劳动,双方之间并未作为法律地位平等的市场主体开展经营活动。因此,某物流公司关于双方之间由劳动关系变为合作关系、劳动合同自动终止的主张，与事实不符，应当认定在 2020 年 9 月 6 日之后双方之间仍然存在劳动关系，对孙某要求某物流公司支付违法解除劳动合同赔偿金的仲裁请求，应当予以支持。

在新就业形态下，劳动关系与合作关系之间的边界更加模糊，劳动者的劳动形式、劳动时间、工作场所、取酬方式等更加灵活多样。一些平台企业及其用工合作企业利用这一特点，一方面诱导或强迫劳动者注册成为个体工商户，并与之订立合作协议；另一方面仍对劳动者进行较强程度的劳动管理，单方确定劳动规则、报酬标准等事项，以合作之名行劳动用工之实，严重损害了劳动者劳动保障权益。对此，国务院印发的《促进个体工商户发展条例》第三十条第二款规定："任何单位和个人不得诱导、强迫劳动者登记注册为个体工商户。"在仲裁和司法实践中，应当重点审查企业与劳动者之间是否存在劳动管理和从属性劳动，坚决防止以"去劳动关系化"规避用工责任，充分保障劳动者各项劳动权益。

［选自《人力资源社会保障部　最高人民法院关于联合发布第三批劳动人事争议典型案例的通知》（人社部函〔2023〕36 号）］

7. 如何认定网络主播与文化传播公司之间是否存在劳动关系？

基本案情

李某于 2018 年 11 月 29 日与某文化传播公司订立为期 2 年的艺人独家合作协议。协议约定：李某聘请某文化传播公司为其经纪人，某文化传播公司为李某提供网络主播培训及推广宣传，将其培养成为知名的网络主播；在合同期内，某文化传播公司为李某提供整套直播设备和直播室，负责安排李某的全部直播工作及直播之外的商业或非商业公众活动，全权代理李某涉及直播、出版、演出、广告、录音、录像等与演艺有关的商业或非商业公众活动，可在征得李某同意后作为其委托代理人签署有关合同；李某有权参与某文化传播公司安排的商业活动的策划过程、了解直播收支情况，并对个人形象定位等事项提出建议，但一经双方协商一致，李某必须严格遵守相关约定；李某直播内容和时间均由其自行确定，其每月获得各直播平台后台礼物累计价值 5 000 元，可得基本收入 2 600 元，超过 5 000 元部分由公司和李某进行四六分成，超过 9 000 元部分进行三七分成，超过 12 000 元部分进行二八分成。从事直播活动后，李某按照某文化传播公司要求入驻 2 家直播平台，双方均严格履行协议约定的权利义务。李某每天直播时长、每月直播天数均不固定，月收入均未超过 3 500 元。2019 年 3 月 31 日，李某因直播收入较低，单方解除艺人独家合作协议，并以公司未缴纳社会保险费为由要求某文化传播公司向其支付解除劳动合同经济补偿。某文化传播公司以双方之间不存在劳动关系为由拒绝支付。李某向仲裁委员会申请仲裁，仲裁委员会裁决双方之间不存在劳动关系。李某不服仲裁裁决，诉至人民法院。

原告诉讼请求

确认李某与某文化传播公司于 2018 年 11 月 29 日至 2019 年 3 月 31 日期间存在劳动关系，某文化传播公司支付解除劳动合同经济补偿。

处理结果

一审法院判决：李某与某文化传播公司之间不存在劳动关系。李某不服一审判决，提起上诉。二审法院判决：驳回上诉，维持原判。

案例评析

本案的争议焦点是某文化传播公司对李某的管理是否属于劳动管理。

在传统演艺领域，企业以经纪人身份与艺人订立的合同通常兼具委托合同、中介合同、行纪合同等性质，并因合同约定产生企业对艺人的"管理"行为，但此类管理与劳动管理存在明显差异：从"管理"的主要目的看，企业除安排艺人从事演艺活动为其创造经济收益外，还要对艺人进行培训、包装、宣传、推广等，使之获得相对独立的公众知名度和市场价值；而在劳动关系中，企业通过劳动管理组织劳动者进行生产经营活动，并不以提升劳动者独立的公众知名度和市场价值为目的。从"管理"事项的确定看，企业对艺人的管理内容和程度通常由双方自主协商约定，艺人还可以就自身形象设计、发展规划和收益分红等事项与企业进行协商；而在订立劳动合同时，单个劳动者与企业之间进行个性化协商的空间一般比较有限，劳动纪律、报酬标准、奖惩办法等规章制度通常由企业统一制定并普遍适用于企业内部的劳动者。此外，从劳动成果分配方式看，企业作为经纪人，一般以约定的分成方式获取艺人创造的经济收益；而在劳动关系中，企业直接占有劳动者的劳动成果，按照统一标准向劳动者支付报酬及福利，不以约定分成作为主要分配方式。综上，企业作为经纪人与艺人之间的法律关系体现出平等协商的特点，而存在劳动关系的用人单位与劳动者之间则体现出较强的从属性特征，可据此对两种法律关系予以区分。

本案中，通过艺人独家合作协议内容及履行情况可以看出，某文化传播公司作为李某的经纪人，虽然也安排李某从事为其创造直接经济收益的直播活动，但其主要目的是通过培训、包装、宣传、推广等手段使李某成为知名的网络主播；李某的直播时间及内容由其自主决定，其他相关活动要求等由双方协商确定，李某对其个人包装、活动参与等事项有协商权，对其创造的经济收益有知情权；双方以李某创造的经济收益为衡量标准，约定了"阶梯式"的收益分成方式。因此，双方之间的法律关系体现出平等协商的特点，并未体现出《关于确立劳动关系有关事项的通知》规定的劳动管理及从属性特征，应当认定为民事关系。李某提出确认劳动关系并支付解除劳动合同经济补偿的诉求，与事实不符，不予支持。

近年来，随着网络经济的迅速发展，大量网络主播经纪公司也应运而生。与传统演艺业相比，网络主播行业具有更强的灵活性、互动性、可及性和价值多元性，经纪公司"造星"周期和投资回报周期也相应缩短。一些经纪公司沿袭传统方式与主播建立民事合作关系，以培养知名主播、组织主播参加各类商业或非商业公众活动为主业，通过平等协商确定双方权利义务，以约定的分成方式进行收益分配。但与此同时，一些企业招用网络主播的主要目的是开展"直播带货"业务，以网络直播手段推销各类产品，主播对个人包装、直播内容、演艺方式、收益分配等没有协商权，双方之间体现出较强的从属性特征，更加符合确立劳动关系的情形。因此，在仲裁和司法实践中，应当加强对法律关系的个案分析，重点审查企业与网络主播之间的权利义务内容及确定方式，综合认定双方之间的法律关系性质。

[选自《人力资源社会保障部　最高人民法院关于联合发布第三批劳动人事争议典型案例的通知》（人社部函〔2023〕36号）]

8. 如何认定网约家政服务人员与家政公司之间是否存在劳动关系？

基本案情

宋某，出生日期为1976年10月7日，于2019年10月26日到某员工制家政公司应聘家政保洁员，双方订立了家政服务协议。协议约定：某家政公司为宋某安排保洁业务上岗培训（初级），培训费用由公司承担，宋某经培训合格后须按照公司安排为客户提供入户保洁服务，合作期限为2年；宋某须遵守公司统一制定的家政服务人员行为规范，合作期限内不得通过其他平台从事家政服务工作；某家政公司为宋某配备工装及保洁用具，并购买意外险，费用均由公司承担；宋某每周须工作6天，工作期间某家政公司通过本公司家政服务平台统一接收客户订单，并根据客户需求信息匹配度向宋某派发保洁类订单，工作日无订单任务时宋某须按照公司安排从事其他工作；某家政公司按月向宋某支付报酬，报酬计算标准为底薪1 600元/月，保洁服务费15元/小时，全勤奖200元/月；如宋某无故拒接订单或收到客户差评，某家政公司将在核实情况后扣减部分服务费。2019年11月1日，宋某经培训合格后上岗。从事保洁工作期间，宋某每周工作6天，每天入户服务6~8小时。2020年1月10日，宋某在工作中受伤，要求某家政公司按照工伤保险待遇标准向其赔偿各类治疗费用，某家政公司以双方之间不存在劳动关系为由拒绝支付。宋某于2020年1月21日向仲裁委员会申请仲裁，请求确认与某家政公司于2019年11月1日至2020年1月21日期间存在劳动关系。仲裁委员会裁决宋某与某家政公司之间存在劳动关系，某家政公司不服仲裁裁决，诉至人民法院。

原告诉讼请求

确认某家政公司与宋某之间不存在劳动关系。

处理结果

一审法院判决：宋某与某家政公司于 2019 年 11 月 1 日至 2020 年 1 月 21 日期间存在劳动关系。某家政公司不服一审判决，提起上诉。二审法院判决：驳回上诉，维持原判。

案例评析

本案的争议焦点是宋某与某家政公司之间是否符合订立劳动合同的情形。

认定家政企业与家政服务人员之间是否符合订立劳动合同的情形，应当根据《关于确立劳动关系有关事项的通知》第一条之规定，重点审查双方是否均为建立劳动关系的合法主体，双方之间是否存在较强程度的劳动管理。

本案中，宋某未达法定退休年龄，其与某家政公司均是建立劳动关系的合法主体。在劳动管理方面，某家政公司要求宋某遵守其制定的工作规范，通过平台向宋某安排工作，并通过发放全勤奖、扣减服务费等方式对宋某的工作时间、接单行为、服务质量等进行控制和管理，双方之间存在较强的人格从属性。某家政公司掌握宋某从事家政服务业所必需的用户需求信息，统一为宋某配备保洁工具，并以固定薪资结构向宋某按月支付报酬，双方之间存在较强的经济从属性。宋某以某家政公司名义对外提供家政服务，某家政公司将宋某纳入其家政服务组织体系进行管理，并通过禁止多平台就业等方式限制宋某进入其他组织，双方之间存在明显的组织从属性。综上，某家政公司对宋某存在较强程度的劳动管理，符合订立劳动合同的情形，虽然双方以合作为名订立书面协议，但根据事实优先原则，应当认定双方之间存在劳动关系。

在传统家政企业运营模式中，家政企业主要在家政服务人员与客户之间起中介作用，通过介绍服务人员为客户提供家政服务收取中介费；家政企业与服务人员之间建立民事合作关系，企业不对服务人员进行培训和管理、不支付劳动报酬，家政服务工作内容及服务费用由服务人员与客户自行协商确定。为有效解决传统家政行业发展不规范等问题，《国务院办公厅关于促进家政服务业提质扩容的意见》（国办发〔2019〕30号）指出："员工制家政企业应依法与招用的家政服务人员签订劳动合同，按月足额缴纳城镇职工社会保险费；家政服务人员不符合签订劳动合同情形的，员工制家政企业应与其签订服务协议，家政服务人员可作为灵活就业人员按规定自愿参加城镇职工社会保险或城乡居民社会保险。"各地落实该意见要求积极支持发展员工制家政企业。在此类企业中，家政企业与客户直接订立服务合同，与家政服务人员依法订立劳动合同或服务协议，统一安排服务人员为客户提供服务，直接支付或代发服务人员不低于当地最低工资标准的劳动报酬，并对服务人员进行持续培训管理。在仲裁与司法实践中，对于家政企业与家政服务人员之间发生的确认劳动关系争议，应当充分考虑家政服务行业特殊性，明确企业运营模式，查明企业与家政服务人员是否具备建立劳动关系的法律主体资格，严格审查双方之间是否存在较强程度的劳动管理，以此对订立劳动合同和订立服务协议的情形作出区分，据实认定劳动关系。

〔选自《人力资源社会保障部　最高人民法院关于联合发布第三批劳动人事争议典型案例的通知》（人社部函〔2023〕36号）〕

9. 保险代理人与保险公司之间是否为劳动关系?

基本案情

2010年9月20日,王某持保险代理人资格证书与某保险公司订立保险公司营销员保险代理合同(以下简称保险代理合同)。双方在保险代理合同中约定,某保险公司依据《中华人民共和国保险法》(以下简称《保险法》)及《保险代理机构管理规定》①等规定授权王某代理销售本公司的人身保险产品;王某与某保险公司仅构成代理关系,不构成任何劳动或劳务关系;王某确认在订立合同之前,某保险公司已说明合同及条款附件有关事项,王某理解合同及附件所约定的各项内容。

保险代理合同订立后,王某自主销售某保险公司的人身保险产品,某保险公司不指定工作时间、地点,但是要求王某必须遵守关于保险代理人从业的行业性规定。某保险公司每月向王某结算代理手续费,同时为王某提供意外伤害险、意外伤害门诊医疗险,未给王某办理社会保险登记,也未支付其他福利待遇。此后,双方保险代理合同每两年一签,最后一次合同期限为2016年9月20日至2018年9月19日。

鉴于王某业绩优秀,2018年9月20日,某保险公司与王某订立2年期劳动合同,合同约定工作岗位为管理岗,工作内容为行政管理兼保险销售。某保险公司以货币形式按月支付王某劳动报酬,但未缴纳社会保险费。2020年9月,某保险公司以劳动合同到期为由终止劳动关系,双方对于经济补偿的起算年限发生争议。王某主张双方无论订立何种合同,自己都是在某保险公司工作、从某保险公司领取报酬,双方的劳动关系应当自2010年9月起建立,因此经济补偿计算年限应当从2010年9月起算。

---

① 该文件已于2009年10月1日废止。——编者注

某保险公司主张 2018 年 9 月前双方之间是保险代理关系，此后双方建立劳动关系，经济补偿应当从 2018 年 9 月起算。王某向仲裁委员会提出仲裁申请。

申请人请求

确认王某与某保险公司自 2010 年 9 月 20 日至 2020 年 9 月 19 日期间存在劳动关系。

处理结果

裁决确认王某与某保险公司自 2018 年 9 月 20 日至 2020 年 9 月 19 日期间存在劳动关系。

案例评析

本案的争议焦点是王某作为保险代理人与某保险公司之间是否属于劳动关系。

对于 2018 年 9 月 20 日以后双方之间存在劳动关系，双方并无异议。对于 2018 年 9 月之前双方之间的法律关系，存在不同观点。第一种观点认为，双方之间依据保险代理合同构成委托代理关系，是平等主体间的一般民事关系，双方的权利义务主要根据保险代理合同确定，不构成劳动关系。第二种观点认为，虽然双方之间订立的合同名为"保险代理合同"，但是双方在实际履行过程中，王某销售保险的行为属于某保险公司的业务范畴，接受某保险公司的管理，某保险公司按月支付王某报酬，因此双方之间应认定为劳动关系。

仲裁委员会结合本案案情采纳了第一种观点。本案的关键在于判断：该份保险代理合同是否属于书面劳动合同，而且王某根据该合同销售保险行为的性质是否属于保险公司的用工行为。首先，一般情况下双方订立的保险代理合同本身不是书面劳动合同而是民事委托合同。本案中，当事人之间保险代理合同的订立依据是《保险法》及《保险代理机构管理规定》，并非《劳动合同法》等劳动法律规范。《保险法》第一百一十七条第一款规定："保险代理人是根据保险人的委托，向保险人收取佣金，并在保险人授权的范围内代为办理保险业务的机构或者个人。"从该条款中可以看出，保险代理人是基于委托合同办理保险业务。从保险代理合同具体条款来看，王某受某保险公司委托，在某保险公司授权的范围内开展保险销售业务并有权向保险公司收取手续费。该合同未规定工作时间、休息休假、社会保险、劳动保护、劳动条件、职业危害等《劳动合同法》规定的直接关系到劳动者切身利益的核心和必备条款。但是王某销售保险行为是否完全符合保险代理合同，双方之间是否形成用工关系，仍然要根据实际情况判断。从实际履行情况看，王某根据双方订立的保险代理合同销售保险行为不是某保险公司的用工行为。《关于确立劳动关系有关事项的通知》规定，"用人单位招用劳动者未订立书面劳动合同，但同时具备下列情形的，劳动关系成立。……（二）用人单位依法制定的各项劳动规章制度适用于劳动者，劳动者受用人单位的劳动管理，从事用人单位安排的有报酬的劳动"。用人单位与劳动者之间的"劳动管理"通常表现为劳动者对用人单位具有较强的人格、经济和组织从属性。人格从属性主要体现为用人单位通过工作规则、劳动纪律、奖惩办法，对劳动者进行控制和管理；劳动者一般不能自主决定工作时间、工作量，必须根据用人单位的工作指令完成工作任务。经济从属性主要体现为用人单位掌握生产资料并从劳动者的劳动成果中获益，同时向劳动者支付劳动对价，劳动者与用人单位之间的经济支付关系具有一定的持续性，劳动者从用人单位获得的劳动报酬是其稳定收入来源等。组织从属性主要体现为劳动者是用人单位的组织成员，对外以用人单位名义开展工作，其提供的劳动是用人单位生产经营的组成部分等。王某根据约定接受委托销售保险，不受某保险公司对工作时间、工作过程、工作业绩的监管，其行为对某保险公司人格从属性、组织从属性都较弱。因此，仲裁委员会综合双方订立的保险代理合同约定内容及实际履行行为判断2018年9月前王某与某保险公司之间不是劳动关系。

劳动关系与委托关系等民事关系相比有重要的区别。在劳动关系中，劳动者本人的劳动力与他人的生产资料相结合，即本人劳动力由他人持续使用，而劳动力又以劳动者的人身为载体，故劳动力关系属于人身关系。在此过程中，生产资料较之劳动力更强势，从而劳动关系具有从属性。故劳动关系实质上是劳动者与雇主之间具有较强的人格从属性、组织从属性和经济从属性的用工关系。而委托关系更多体现平等性、财产性，委托关系中双方平等协商确定价金而不受国家最低工资等法律法规的约束，委托关系中一方当事人对另一方劳动力的支配权较弱。

当然，个案的处理还应根据我国有关法律法规的相关规定，结合案情体现出的双方当事人之间从属性强弱、继续性状态综合判断是否存在劳动关系。在此过程中，还应注意劳动关系的人格、组织、经济三种从属性的内在关系及层次，即人格从属性、组织从属性取决于经济从属性的存在，具体来说，人格从属性、组织从属性处于外观层次，经济从属性因生产资料强势于劳动力、他人生产资料强势于本人生产资料而处于内在层次。

10. 青年见习人员与见习基地企业是否形成劳动关系？

基本案情

2020年7月，王某从某技工学校毕业，受实际情况影响未能签订三方协议，未成功就业。经学校及当地人社局联系协调，王某参加了当地六部门联合开展的青年见习计划。该计划对象为离校2年未就业中职及以上毕业生、16~24岁失业青年。王某到当地毕业生实习见习基地之一的某汽车修理厂（以下简称汽修厂）的汽修岗位参与就业见习，王某与汽修厂、当地人社局签订见习协议，约定见习期6个月。见习期间，汽修厂为王某在内的多名见习人员指定2名老员工作为指导老师，并提供必要的劳动条件和劳动工具，但是不支付工资；王某必须遵守汽修厂的规章制度及指导老师的要求，按时到汽修岗位工作；当地人社局为王某缴纳每月25元的人身意外伤害保险费，当地政府每月向王某提供1 200元生活补贴。同年11月15日，王某与汽修厂订立劳动合同，约定月工资为基本工资1 800元加工时费。2021年7月，王某以汽修厂未为其缴纳2020年7月至同年10月的社会保险费为由辞职，并向当地仲裁委员会申请仲裁。

申请人请求

汽修厂支付解除劳动合同的经济补偿3 000元。

处理结果

裁决驳回王某的仲裁请求。

案例评析

本案的争议焦点是王某在汽修厂就业见习期间双方是否形成劳动关系。

《人事部 教育部 财政部 劳动和社会保障部 国务院国有资产监督管理委员会 国防科学技术工业委员会关于建立高校毕业生就业见习制度的通知》（国人部发〔2006〕17号）规定，"逐步建立和完善高校毕业生就业见习制度""在见习期间被见习单位正式录（聘）用的，在该单位的见习期可以作为工龄计算"，但是也明确规定"为见习生办理人身意外伤害保险""见习期间由见习单位和地方财政部门根据当地实际情况，对见习高校毕业生提供基本生活补助"，其中"作为工龄计算"不代表见习期间形成劳动关系。《国务院办公厅关于加强普通高等学校毕业生就业工作的通知》（国办发〔2009〕3号）规定："完善离校未就业高校毕业生见习制度，鼓励见习单位优先录用见习高校毕业生。"文件发布后，各地相继出台就业见习规定，细化就业见习制度，逐步明确了见习人员与见习单位的权利义务。当前实践中普遍认为，作为政府指定的见习基地，见习单位提供的见习岗位是由政府提供补助的岗位，具有一定的公益性；见习单位接收并指导见习人员参与生产劳动的行为，基于行政指导产生；见习单位对见习人员的管理不能视为用工管理，双方之间并非劳动关系。

结合法律法规及政策文件规定加以具体分析，二者主要有以下区别：一是涉及的单位及个人范围不同。境内企业、个体经济组织、国家机关、事业单位、社会团体等组织都可以与符合我国劳动法律法规规定的任意自然人依法建立劳动关系，成为用人单位与劳动者。但是就业见习单位必须经当地人社部门批准，见习人员必须是纳入当地人社部门见习计划的人员，一般是离校2年未就业中职及以上毕业生、16~24岁失业青年。二是双方订立的合同不同。用人单位与劳动者之间订立劳动合同，见习单位与见习人员之间仅按照人社部门指导签订见习协议。三是报酬发放主体不同。劳动者工资由用人单位依法支付，见习人员的生活补贴主要由政府财政支付。四是社会保险费缴纳义务不同。劳动关系中用人单位必须为劳动者缴纳社会保险费；见习关系中见习单位无须为见习人员缴纳社会保险费，而由政府购买或政府要求见习单位为见习人员购买意外伤害保险。

本案中，作为已毕业未就业的青年，王某到当地人社部门指定的见习基地——汽修厂参加见习，王某与汽修厂未订立劳动合同而仅签订了当地人社局为协议主体之一的见习协议，汽修厂对工某的管理更多的是属于该单位实施政府设定的青年见习计划的行为，双方之间没有用工管理行为，不符合《关于确立劳动关系有关事项的通知》的规定，不应认定为劳动关系。所以，见习期间汽修厂未给其缴纳社会保险费，并不违反法律政策规定。王某以此为由解除劳动合同，不应享受解除劳动合同的经济补偿。

当前，很多企业为鼓励在校生到本单位参与顶岗实习、毕业实习，会提供一定的补贴或资助，形成"带薪"实习等新模式。不论实习、见习的名称如何变化，各级仲裁机构与人民法院在处理相关人员与企业的争议时仍应当严格按照《中华人民共和国劳动法》（以下简称《劳动法》）及《关于确立劳动关系有关事项的通知》等法律政策中关于劳动者的身份要求以及是否存在用工事实等情况，综合分析认定是否具有劳动关系，依法保护大中专院校学生和见习企业的合法权益。同时，对即将就业的大中专院校学生也应当加强普法宣传教育，引导他们依法保护自己的合法权益。

11. 参与分红的劳动者与用人单位之间是否为劳动关系？

基本案情

某硅藻泥商行是一家合法登记的个体工商户，营业执照上经营者为黄某，组织形式为个人经营。该商行在某商场内设有销售店面，彭某负责该店面的销售业务。2013年7月，黄某与彭某、雷某签订利润分配协议，约定：黄某出资开设某硅藻泥商行，并聘请雷某、彭某负责店面的日常营运管理及销售，每季度总实收金额减去每季度经营固定成本支出和每季度施工成本后为每季度净利润（如当季度出现负数则分摊到下个季度），净利润的分配比例为6（黄某）：4（雷某），此外，雷某、彭某每月固定工资均为3 800元。该协议还写明"经营风险由黄某承担"。2017年，彭某提出要参与分红，且要求每月提前预支固定数额的少量分红，三方就另行签订了利润分配协议，约定净利润的实际分配比例为6（黄某）：2（雷某）：2（彭某）。此后，三人按此比例进行季度、年度分红，且彭某、雷某每月从某硅藻泥商行领取工资3 800元。2019年9月，黄某、彭某、雷某发生纠纷，彭某要求确认自己与某硅藻泥商行之间存在劳动关系。黄某主张彭某是某硅藻泥商行的合伙人之一，不是某硅藻泥商行的职工。

申请人请求

确认彭某与某硅藻泥商行之间存在劳动关系。

处理结果

确认2013年7月至2019年9月期间彭某与某硅藻泥商行之间存在劳

动关系。

案例评析

本案的争议焦点是彭某与某硅藻泥商行之间是否存在劳动关系。对此，可从以下三个方面去分析：

第一，彭某和黄某、雷某之间不符合有关个体工商户、个人合伙的基本要求。《促进个体工商户发展条例》和《个体工商户登记管理办法》均规定，个体工商户可以个人经营，也可以家庭经营。某硅藻泥商行注册为个体工商户且组织形式为个人经营，但是彭某、雷某不是黄某的家庭成员；利润分配协议明确写的是"聘请""雷某、彭某每月固定工资"字样，体现出某硅藻泥商行的经营者黄某知晓且同意该商行招聘彭某；利润分配协议中"经营风险由黄某承担"的条款也未体现三人之间存在个人合伙"利益共享但风险也共担"的原则。

第二，彭某领取分红不能证明其是某硅藻泥商行的经营者。分红，也称利润分享。实践中，分红一般有两种情况：第一种是经营实体（一般是公司）盈利后，将当年收益按规定提取后再向股东发放，是股东收益的一种方式，是对股东投资的回报；第二种是经营实体盈利后，为了挽留和激励员工、提高劳动生产率，将获得的部分收益与本单位员工共享，是员工在其正常工资报酬之外分配得到的原属经营实体的部分利润。由此可见，参与经营实体分红的并不限于股东或经营者，员工（含劳动者）也可以参与分红。本案中，彭某领取分红也不能证明其是某硅藻泥商行的经营者，因为彭某也可以员工身份领取分红。

第三，彭某和某硅藻泥商行之间符合劳动关系的相关特征。首先，《劳动法》《劳动合同法》都明确个体工商户可以作为用人单位招聘劳动者。本案中，黄某从事个人经营并依法办理个体工商户注册登记"某硅藻泥商行"，因此某硅藻泥商行具备用人主体资格。其次，经营者黄某把店面交由雷某及彭某管理，彭某在店面的日常管理及销售等行为对外仍然代表某硅藻泥商行及黄某，实际上某硅藻泥商行对彭某有一定的管理，彭某从事的是按月有报酬的劳动。最后，彭某的日常管理及销售行为属于某硅藻泥商行的业务组成。

综上，仲裁委员会认为，虽然彭某与某硅藻泥商行之间没有订立劳动合同，但其系某硅藻泥商行的员工，彭某与某硅藻泥商行之间建立了劳动关系。

个体工商户可以成为劳动关系中的用人单位。法律依据主要是《劳动法》《劳动合同法》。《劳动法》第二条第一款规定："在中华人民共和国境内的企业、个体经济组织（以下统称用人单位）和与之形成劳动关系的劳动者，适用本法。"《劳动合同法》第二条第一款也规定："中华人民共和国境内的企业、个体经济组织、民办非企业单位等组织（以下称用人单位）与劳动者建立劳动关系，订立、履行、变更、解除或者终止劳动合同，适用本法。"根据原劳动部《关于印发〈关于贯彻执行《中华人民共和国劳动法》若干问题的意见〉的通知》（劳部发〔1995〕309号）的解释，《劳动法》涉及的个体经济组织，是指一般雇工在七人以下的经工商部门批准登记注册并领取营业执照的个体工商户。因此，个体工商户可成为用人单位，可以作为劳动人事争议仲裁的当事人参加仲裁活动。《最高人民法院关于适用〈中华人民共和国民事诉讼法〉的解释》（法释〔2022〕11号）第五十九条第一款规定"在诉讼中，个体工商户以营业执照上登记的经营者为当事人。有字号的，以营业执照上登记的字号为当事人，但应同时注明该字号经营者的基本信息"，也明确了个体工商户可以作为当事人参加诉讼。

专题二
劳动合同订立及竞业限制协议

12. 视为订立无固定期限劳动合同后用人单位仍未与劳动者订立劳动合同的是否应当支付第二倍工资？

基本案情

2016年8月1日，万某入职某食品公司，从事检验工作，双方口头约定万某月工资为3 000元。万某入职时，公司负责人告知其3个月试用期后订立书面劳动合同，但是双方一直未订立书面劳动合同。2018年7月31日，万某与某食品公司解除劳动关系。万某要求某食品公司支付2017年8月至2018年7月期间未与其订立无固定期限劳动合同的第二倍工资，该公司拒绝支付。万某遂向仲裁委员会申请仲裁。

申请人请求

裁决某食品公司支付2017年8月至2018年7月期间未订立无固定期限劳动合同的第二倍工资36 000元。

处理结果

裁决驳回万某的仲裁请求。

案例评析

本案的争议焦点是2017年8月至2018年7月期间，万某与某食品公司之间未订立书面劳动合同的情形是否属于《劳动合同法》第八十二条规定情形。

《劳动合同法》第八十二条规定："用人单位自用工之日起超过一个月不满一年未与劳动者订立书面劳动合同的，应当向劳动者每月支付二倍的工资。用人单位违反本法规定不与劳动者订立无固定期限劳动合同的，自应当订立无固定期限劳动合同之日起向劳动者每月支付二倍的工资。"从上述条款可知，用人单位支付未依法订立劳动合同第二倍工资的情形包括两种：一种是用人单位自用工之日起超过一个月不满一年未与劳动者订立书面劳动合同的；另一种是用人单位应当与劳动者订立无固定期限劳动合同，但"违反本法规定"不与劳动者订立无固定期限劳动合同的。第二种情形中的"本法规定"，是指《劳动合同法》第十四条第二款规定的"除劳动者提出订立固定期限劳动合同外，应当订立无固定期限劳动合同"的三种情形，即"（一）劳动者在该用人单位连续工作满十年的；（二）用人单位初次实行劳动合同制度或者国有企业改制重新订立劳动合同时，劳动者在该用人单位连续工作满十年且距法定退休年龄不足十年的；（三）连续订立二次固定期限劳动合同，且劳动者没有本法第三十九条和第四十条第一项、第二项规定的情形，续订劳动合同的"。而《劳动合同法》第十四条第三款规定的"用人单位自用工之日起满一年不与劳动者订立书面劳动合同的，视为用人单位与劳动者已订立无固定期限劳动合同"，是对用人单位不订立书面劳动合同满一年的法律后果的拟制规定，并非有关应当订立无固定期限劳动合同的情形规定。《中华人民共和国劳动合同法实施条例》（以下简称《劳动合同法实施条例》）第七条对于此种情形的法律后果也作了相同的分类规定。

本案中，万某于 2016 年 8 月 1 日入职，某食品公司一直未与其订立书面劳动合同，自 2017 年 8 月 1 日起，根据上述法律法规的规定，双方之间视为已订立了无固定期限劳动合同，而非《劳动合同法》第八十二条规定的"用人单位违反本法规定不与劳动者订立无固定期限劳动合同的"情形。因此，某食品公司无须向万某支付未依法订立无固定期限劳动合同的第二倍工资，故依法驳回万某的仲裁请求。

无固定期限劳动合同是指用人单位与劳动者约定无确定终止时间的

劳动合同。为了保障劳动关系的稳定性,《劳动合同法》第十四条规定了"可以""应当""视为"三类订立无固定期限劳动合同的情形,其中"视为"订立无固定期限劳动合同的规定,主要目的是解决一些用人单位不愿与劳动者订立劳动合同导致劳动者合法权益无法得到保障的问题。未依法订立劳动合同所应承担的第二倍工资责任在法律性质上是惩罚性赔偿,该责任设定与拟制无固定期限劳动合同的订立相结合,既保障了劳动者的合法权益,又限制了用人单位赔偿责任的无限扩大,有效地平衡了各方利益。

13. 因劳动者原因未订立劳动合同，用人单位是否应当承担责任？

基本案情

2018年3月3日，陈某到某建材公司工作，主要从事货物运输。按照公司制度规定，所有员工在入职时必须先到公司人事经理处填写入职登记表，如实填写个人基本情况后由公司人事部安排订立书面劳动合同。自3月7日开始，公司的人事经理多次以电话、微信、短信等方式通知陈某订立书面劳动合同，但陈某以正在运输货物途中，自己只是临时在公司工作不想签合同受约束，答应回公司订立合同又忘记了等理由，一直未到公司人事部订立书面劳动合同，并承诺自行承担不订立劳动合同的一切后果。2019年6月，陈某与公司老板产生矛盾，7月陈某口头告知老板要离职。之后，陈某向仲裁委员会提出仲裁申请。

申请人请求

某建材公司支付2018年4月至2019年6月期间未订立书面劳动合同第二倍工资33 000元。

处理结果

裁决某建材公司支付陈某2018年4月3日至2019年3月3日期间未订立书面劳动合同第二倍工资30 000元。

案例评析

本案的争议焦点是劳动者因个人原因未订立书面劳动合同，用人单位是否需要支付未订立书面劳动合同第二倍工资。

1. 劳动者拒不订立书面劳动合同，用人单位是否承担法律责任

用人单位作为劳动关系中的用工主体，对劳动者承担着用工管理责任。《劳动合同法》第八十二条规定了未订立书面劳动合同第二倍工资的法律责任，旨在督促用人单位履行管理职责，及时与劳动者订立书面劳动合同。从该规定的表述来看，承担未订立书面劳动合同第二倍工资责任只要求劳动者与用人单位之间存在未订立劳动合同的结果，并未要求当事人有过错，也未规定免责事由。

实践中，有的劳动者与用人单位建立劳动关系后拒绝订立书面劳动合同，致使劳动关系处于不稳定状态，双方的权利尤其是劳动者的权利难以得到有效保障，易产生劳动争议。为了解决劳动者不订立书面劳动合同可能引发的矛盾纠纷，《劳动合同法实施条例》第五条规定："自用工之日起一个月内，经用人单位书面通知后，劳动者不与用人单位订立书面劳动合同的，用人单位应当书面通知劳动者终止劳动关系，无需向劳动者支付经济补偿，但是应当依法向劳动者支付其实际工作时间的劳动报酬。"第六条第一款规定："用人单位自用工之日起超过一个月不满一年未与劳动者订立书面劳动合同的，应当依照劳动合同法第八十二条的规定向劳动者每月支付两倍的工资，并与劳动者补订书面劳动合同；劳动者不与用人单位订立书面劳动合同的，用人单位应当书面通知劳动者终止劳动关系，并依照劳动合同法第四十七条的规定支付经济补偿。"这两条规定专门为用人单位创设了解除劳动关系的权利，以此平衡劳动者和用人单位的权益。

按照《劳动合同法实施条例》第五条、第六条的规定，只要用人单位书面通知过劳动者订立书面劳动合同，无论劳动者出于何种原因不订立，用人单位都可以自用工之日起一个月内书面通知劳动者终止劳动关系，并无需支付经济补偿。这些规定可以有效防止劳动者通过恶意拖延而获取未

订立书面劳动合同第二倍工资，也有利于督促用人单位及时行使选择权。如果用人单位在知晓未与劳动者订立书面劳动合同的情况下，自用工之日起一个月内未书面终止劳动关系，反而继续用工，说明用人单位怠于行使终止劳动关系权利，放弃了免于支付经济补偿的权利，还要承担未订立书面劳动合同的第二倍工资责任。

2. 劳动者承诺自行承担不订立劳动合同的后果，该承诺是否有效

《劳动法》第十六条第二款规定，建立劳动关系应当订立劳动合同，《劳动合同法》第十条第一款也规定，建立劳动关系应当订立书面劳动合同。这两个条款属于效力性强制性规定，劳动者和用人单位都不得违反。所以，基于双方未订立劳动合同的违法事实，劳动者承诺自行承担后果属于无效承诺，劳动者与用人单位均需要承担法律后果。考虑劳动关系中劳动者处于相对弱势且用人单位掌握订立劳动合同主导权的实际情况，按照现行法律规定，当双方未订立书面劳动合同时，用人单位和劳动者承担的法律责任并不对等。除双方均需承担补订劳动合同的义务外，用人单位还需承担未订立书面劳动合同的第二倍工资及终止劳动关系的经济补偿责任。

随着市场经济的深化，用人单位用工管理模式逐步从粗放的管理向依法依规用工转变，劳动者的依法维权意识也日益增强。用人单位要切实转变用工管理理念，承担起用工管理责任，依照法律规定明晰双方的权利义务。面对劳动者拒绝订立劳动合同时，用人单位一定要有风险意识，是选择终止劳动关系，还是继续用工而承担未订立书面劳动合同支付第二倍工资及未来可能发生的终止劳动关系经济补偿的法律责任。建议用人单位在这种情形下要与劳动者阐明不订立劳动合同的利害关系，如果劳动者仍拒绝订立，则应及时终止劳动关系。

14. 竞业限制经济补偿过低不影响竞业限制协议效力的认定与违约金的支付

基本案情

陈某于2014年5月1日进入A公司担任加工工艺师，双方订立了为期3年的劳动合同，月工资8 000元。同时，双方另行订立的保密及非竞争协议约定：陈某与A公司解除或终止劳动合同后1年内不得到与A公司有竞争关系的单位就职，这些单位包括但不限于B公司，A公司按陈某离职时上年度工资的10%一次性支付竞业限制补偿金，陈某若不履行上述义务，应当承担违约赔偿责任，违约金为20万元。2016年3月13日，陈某以个人原因提出辞职，双方办理离职手续，劳动合同正式解除。A公司按约定向陈某支付竞业限制补偿金9 600元，陈某领取了该补偿金。2016年6月，陈某到B公司从事加工工艺师工作。A公司认为陈某应当停止竞业行为，并按约定支付违约金20万元。陈某认为因经济补偿太低，双方约定的竞业限制协议无效，其不用履行该竞业限制协议。A公司遂提起劳动争议仲裁。

申请人请求

1. 陈某停止竞业行为。
2. 陈某按约定支付违约金20万元。

处理结果

裁决陈某停止竞业行为并向A公司支付违约金20万元。

案例评析

本案的争议焦点有两个：一是双方约定的竞业限制经济补偿过低时，该如何认定竞业限制协议的效力；二是竞业限制经济补偿与违约金比例显失对等时应当如何处理。

《劳动合同法》第二十三条第二款规定："对负有保密义务的劳动者，用人单位可以在劳动合同或者保密协议中与劳动者约定竞业限制条款，并约定在解除或者终止劳动合同后，在竞业限制期限内按月给予劳动者经济补偿。劳动者违反竞业限制约定的，应当按照约定向用人单位支付违约金。"该法第二十四条规定，"竞业限制的范围、地域、期限由用人单位与劳动者约定，竞业限制的约定不得违反法律、法规的规定"，竞业限制期限不得超过2年。

根据上述法律规定，竞业限制协议一般应当包括竞业限制的范围、地域、期限、经济补偿和违约金等内容。对于经济补偿的标准，法律没有作出规定。《最高人民法院关于审理劳动争议案件适用法律问题的解释（一）》（法释〔2020〕26号）第三十六条规定："当事人在劳动合同或者保密协议中约定了竞业限制，但未约定解除或者终止劳动合同后给予劳动者经济补偿，劳动者履行了竞业限制义务，要求用人单位按照劳动者在劳动合同解除或者终止前十二个月平均工资的30%按月支付经济补偿的，人民法院应予支持。前款规定的月平均工资的30%低于劳动合同履行地最低工资标准的，按照劳动合同履行地最低工资标准支付。"因此，用人单位与劳动者约定了竞业限制，但未约定经济补偿或约定的经济补偿过低的，不影响竞业限制协议的效力。用人单位可按照劳动者在劳动合同解除或者终止前12个月平均工资的30%按月支付或者补足经济补偿；该标准低于当地最低工资标准的，按照最低工资标准支付。本案申请人A公司与被申请人陈某约定的经济补偿为上年度工资的10%，竞业限制期限为1年，平均每月只有800元。而陈某月工资8 000元，月工资的30%为2 400元，双方约定的经济补偿明显过低，但是该竞业限制协议仍然有效，陈某应当履行竞业限制义务。同时，A 公司应当按 2 400 元/月的标准补足经济补偿。

对于违约金的标准，法律也没有作出规定。实践中，一般由用人单位与劳动者协商确定。对于竞业限制经济补偿与违约金比例显失对等时应当如何处理，需要考虑竞业限制经济补偿和违约金的不同属性。竞业限制经济补偿标准是劳动者履行不作为义务的对价，而违约金是劳动者违反竞业限制约定给用人单位造成损失的代价。因此，在考虑公平原则时，不宜把竞业限制经济补偿标准与违约金进行比较，违约金应当与实际损失进行比较，违约金金额过分高于实际损失的，仲裁庭可以依据劳动者的请求对违约金金额予以适当调整。经审理查明，陈某违约跳槽到 B 公司，给 A 公司造成的实际经济损失与 20 万元大致相当。因此，A 公司请求支付的违约金数额合理。

综上，仲裁庭裁决陈某停止竞业行为并向 A 公司支付违约金 20 万元。

15. 用人单位未支付竞业限制经济补偿，劳动者是否需承担竞业限制违约责任？

基本案情

2013年7月，乐某入职某银行，在贸易金融事业部担任客户经理。该银行与乐某订立了为期8年的劳动合同，明确其年薪为100万元。该劳动合同约定了保密与竞业限制条款，约定乐某须遵守竞业限制协议约定，即离职后不能在诸如银行、保险、证券等金融行业从事相关工作，竞业限制期限为2年。同时，双方还约定了乐某如违反竞业限制协议应赔偿某银行违约金200万元。2018年3月1日，某银行因乐某严重违反规章制度而与乐某解除了劳动合同，但一直未支付乐某竞业限制经济补偿。2019年2月，乐某入职当地另一家银行，依旧从事客户经理工作。2019年9月，某银行向仲裁委员会申请仲裁。

申请人请求

裁决乐某支付违反竞业限制协议违约金200万元并继续履行竞业限制义务。

处理结果

裁决驳回某银行的仲裁请求。

案例评析

本案的争议焦点是某银行未支付竞业限制经济补偿，乐某是否需承担竞业限制违约责任。

《劳动合同法》第二十三条第二款规定："对负有保密义务的劳动者，用人单位可以在劳动合同或者保密协议中与劳动者约定竞业限制条款，并约定在解除或者终止劳动合同后，在竞业限制期限内按月给予劳动者经济补偿。劳动者违反竞业限制约定的，应当按照约定向用人单位支付违约金。"由此，竞业限制义务，是关于劳动者在劳动合同解除或终止后应履行的义务。本案中，双方当事人在劳动合同中约定了竞业限制条款，劳动合同解除后，竞业限制约定对于双方当事人发挥约束力。《劳动合同法》第二十九条规定："用人单位与劳动者应当按照劳动合同的约定，全面履行各自的义务。"《最高人民法院关于审理劳动争议案件适用法律问题的解释（一）》第三十八条规定："当事人在劳动合同或者保密协议中约定了竞业限制和经济补偿，劳动合同解除或者终止后，因用人单位的原因导致三个月未支付经济补偿，劳动者请求解除竞业限制约定的，人民法院应予支持。"用人单位未履行竞业限制期间经济补偿支付义务并不意味着劳动者可以"有约不守"，但劳动者的竞业限制义务与用人单位的经济补偿义务是对等给付关系，用人单位未按约定支付经济补偿已构成违反竞业限制约定。具体到本案中，某银行在竞业限制协议履行期间长达11个月未向乐某支付经济补偿，导致乐某遵守竞业限制约定却得不到相应的补偿。根据公平原则，劳动合同解除或终止后，因用人单位原因未支付经济补偿达3个月，劳动者此后实施了竞业限制行为，应视为劳动者以其行为提出解除竞业限制约定，对用人单位要求劳动者承担竞业限制违约责任不予支持，故依法驳回某银行的仲裁请求。

随着新兴行业迅猛发展，越来越多的用人单位增强了知识产权和核心技术的保密意识，强化了其高级管理人员、高级技术人员及负有保密义务的其他人员的竞业限制约束力。用人单位应当严格按照劳动合同的约定向劳动者履行竞业限制期间的经济补偿支付义务，劳动者亦应秉持诚实守信原则履行竞业限制义务。同时，在仲裁与司法实务中应始终关注劳动关系的实质不平等性，避免用人单位免除自己的法定责任而排除劳动者的合法权益的情形，依法公正地维护双方的合法权益。

专题三
劳动合同变更和履行

16. 用人单位能否以亏损为由调岗降薪？

基本案情

2018年3月，王某进入某服务公司工作，担任销售总监，双方订立的劳动合同约定王某的基本工资为3 500元，同时约定"用人单位可以根据生产经营的状况和需要，调整劳动者的岗位和薪资"，双方未对奖金的发放标准进行书面约定。但是在王某入职前，该公司就依法制定了销售岗考核制度，明确每个季度该公司根据个人销售业绩、回款情况为每位员工进行考核评分，并根据公司业绩、团队销售业绩、回款情况及个人评分结果综合确定奖金。2018年3月至同年10月期间，某服务公司每个季度对王某进行考核，王某的考核分数均在95分以上，该公司每月支付王某基本工资3 500元，奖金1 200元。自2018年10月开始，某服务公司因多笔销售合同的回款困难导致公司流动资金明显不足，经营存在严重亏损。因此，2018年11月某服务公司通知王某，王某个人考核分数为95分，但是公司经营存在严重亏损，从当月开始降低王某奖金为300元/月。王某对于降薪表示不满，认为其考核分数与此前相同，公司应当按照1 200元/月的标准支付奖金。王某与公司就奖金问题多次协商未果。2018年11月，王某向仲裁委员会提出仲裁申请。

申请人请求

某服务公司支付王某2018年11月的奖金差额900元。

处理结果

裁决驳回王某的仲裁请求。

案例评析

本案的争议焦点是某服务公司能否以亏损为由下调奖金数额。

用人单位降低劳动者工资报酬的情形可分为约定情形和法定情形。就约定情形来说，用人单位和劳动者在劳动合同订立后如需变更劳动合同，根据《劳动合同法》的规定，需要劳动者与用人单位达成书面一致意见，或者双方之间的情形符合《最高人民法院关于审理劳动争议案件适用法律问题的解释（一）》（法释〔2020〕26号）第四十三条"用人单位与劳动者协商一致变更劳动合同，虽未采用书面形式，但已经实际履行了口头变更的劳动合同超过一个月，变更后的劳动合同内容不违反法律、行政法规且不违背公序良俗"的规定。本案中，某服务公司在劳动合同订立时与劳动者约定"用人单位可以根据生产经营的状况和需要，调整劳动者的岗位和薪资"，岗位和薪资作为劳动合同的必要条款，是劳动者与用人单位订立劳动合同的核心内容。因此，一般情况下岗位和薪资变更属于劳动合同实质性的变更，其审查应从严把握。而某服务公司与王某对于此条约定内容过于宽泛，对双方权利义务的设置明显有利于某服务公司。因此，一般不能仅依据上述约定就以亏损为由降低王某的工资待遇。

但是，作为劳动报酬类型之一的奖金较基本工资而言，更体现为用人单位对劳动者的激励，用人单位在此方面应有更大的经营自主权。奖金发放与否，首先应当看双方当事人的约定，有约定的从其约定，没有约定或约定不明的，应当看用人单位依法制定的工资分配制度。与此同时，奖金的发放数额通常不仅依据劳动者的绩效，也与用人单位的经营效益直接挂钩。因此，就奖金的发放与否以及发放的数额，应充分尊重用人单位自主权。结合本案案情，虽然某服务公司与王某未对奖金的发放标准进行书面约定，但是某服务公司制定了专门的销售岗考核制度，某服务公司应当按照该制度的规定定期根据个人销售业绩、回款情况为王某在内的每位员工进行考核评分，并根据公司业绩、团队销售业绩、回款情况及个人评分结果综合确定奖金。2018年11月，某服务公司依照规章制度对王某进行考核，而公司的经营存在严重亏损情况，在此情况下减少了王某的奖金数额，符合销售岗考核制度中"根据公司业绩、团队销售业绩、回款情况及个人评分结果综合确定奖金"的规定，并无不妥。最终，仲裁委员会驳回了王某的仲裁请求。

　　劳动报酬作为劳动合同的核心内容，其支付的条件、变更的依据等一直是争议的焦点。在我国劳动法律法规中，劳动合同变更的具体规定较少，不能涵盖现实中所有相关争议。因此，实践中需要仲裁机构及仲裁员具体情况具体分析，尽可能找准双方当事人的利益平衡点，达到法律效果和社会效果的有机统一。特别是对用人单位以亏损为由对劳动者进行调岗降薪的案件，仲裁员需要准确运用法律法规，结合用人单位的实际情况合理合法地进行判断。

17. 用人单位未与劳动者协商一致增加工作任务，劳动者是否有权拒绝？

基本案情

张某于2018年9月入职某报刊公司从事投递员工作，每天工作6小时，每周工作6天，月工资3 500元。2020年6月，因同区域另外一名投递员离职，某报刊公司在未与张某协商的情况下，安排其在第三季度承担该投递员的工作任务。张某认为，要完成加倍的工作量，其每天工作时间至少需延长4小时，故拒绝上述安排。某报刊公司依据员工奖惩制度，以张某不服从工作安排为由与其解除劳动合同。张某向仲裁委员会申请仲裁。

申请人请求

裁决某报刊公司支付违法解除劳动合同赔偿金14 000元。

处理结果

裁决某报刊公司支付张某违法解除劳动合同赔偿金14 000元（裁决为终局裁决）。

案例评析

本案的争议焦点是某报刊公司未与张某协商一致增加其工作任务，张某是否有权拒绝。

《劳动合同法》第三十一条规定，"用人单位应当严格执行劳动定额标准，不得强迫或者变相强迫劳动者加班"。第三十五条第一款规定，"用人单位与劳动者协商一致，可以变更劳动合同约定的内容"。劳动合同是明确用人单位和劳动者权利义务的书面协议，未经变更，双方均应严格按照约定履行，特别是涉及工作时间等劳动定额标准的内容。

本案中，某报刊公司超出合理限度大幅增加张某的工作任务，应视为变更劳动合同约定的内容，违反了关于"协商一致"变更劳动合同的法律规定，已构成变相强迫劳动者加班。因此，张某有权依法拒绝上述安排。某报刊公司以张某不服从工作安排为由与其解除劳动合同不符合法律规定。故仲裁委员会依法裁决某报刊公司支付张某违法解除劳动合同赔偿金。

允许用人单位与劳动者协商一致变更劳动合同，有利于保障用人单位根据生产经营需要合理调整用工安排的权利。但要注意的是，变更劳动合同要遵循合法、公平、平等自愿、协商一致、诚实信用的原则。工作量、工作时间的变更直接影响劳动者休息权的实现，用人单位对此进行大幅调整，应与劳动者充分协商，而不应采取强迫或者变相强迫的方式，更不得违反相关法律规定。

［选自《人力资源社会保障部　最高人民法院关于联合发布第二批劳动人事争议典型案例的通知》（人社部函〔2021〕90号）］

18. 被派遣劳动者超时加班发生工伤，用工单位、劳务派遣单位是否承担连带赔偿责任？

基本案情

2017年8月，某服务公司（已依法取得劳务派遣行政许可）与某传媒公司签订劳务派遣协议，约定某服务公司为某传媒公司提供派遣人员，每天工作11小时，每人每月最低保底工时286小时。2017年9月，某服务公司招用李某并派遣至某传媒公司工作，未为李某缴纳工伤保险费。2018年8月、9月、11月，李某月工时分别为319小时、293小时、322.5小时，每月休息日不超过3日。2018年11月30日，李某工作时间为当日晚8时30分至12月1日上午8时30分。李某于12月1日凌晨5时30分晕倒在某传媒公司卫生间，经抢救无效于当日死亡，死亡原因为心肌梗死等。2018年12月，某传媒公司与李某近亲属惠某等签订赔偿协议，约定某传媒公司支付惠某等工亡待遇42万元，惠某等不得再就李某工亡赔偿事宜或在派遣工作期间享有的权利，向某传媒公司提出任何形式的赔偿要求。上述协议签订后，某传媒公司实际支付惠某等各项费用计423 497.80元。此后，李某所受伤害被社会保险行政部门认定为工伤。某服务公司、惠某等不服工伤认定结论，诉至人民法院。

原告诉讼请求

惠某等请求判决某服务公司与某传媒公司连带支付医疗费、一次性工亡补助金、丧葬补助金、供养亲属抚恤金，共计1 193 821元。

某服务公司请求判决不应支付供养亲属抚恤金；应支付的各项赔偿中

应扣除某传媒公司已支付款项；某传媒公司承担连带责任。

处理结果

一审法院判决：按照《工伤保险条例》，因用人单位未参加工伤保险，工伤职工的工亡待遇由用人单位全部赔偿。某服务公司和某传媒公司连带赔偿惠某等医疗费、一次性工亡补助金、丧葬补助金、供养亲属抚恤金合计 766 911.55 元。某传媒公司不服，提起上诉。二审法院判决：驳回上诉，维持原判。

案例评析

本案的争议焦点是李某超时加班发生工伤，用工单位与劳务派遣单位是否应承担连带赔偿责任。

《劳动法》第三十八条规定："用人单位应当保证劳动者每周至少休息一日。"第四十一条规定："用人单位由于生产经营需要，经与工会和劳动者协商后可以延长工作时间，一般每日不得超过一小时；因特殊原因需要延长工作时间的，在保障劳动者身体健康的条件下延长工作时间每日不得超过三小时，但是每月不得超过三十六小时。"《劳动合同法》第九十二条第二款规定，"用工单位给被派遣劳动者造成损害的，劳务派遣单位与用工单位承担连带赔偿责任"。《国务院关于职工工作时间的规定》第三条规定："职工每日工作 8 小时、每周工作 40 小时。"休息权是劳动者的基本劳动权利，即使在支付劳动者加班费的情况下，劳动者的工作时间仍然受到法定延长工作时间上限的制约。劳务派遣用工中，劳动者超时加班发生工伤，用工单位和劳务派遣单位对劳动者的损失均负有责任，应承担连带赔偿责任。劳动者与用工单位、劳务派遣单位达成赔偿协议的，当赔偿协议存在违反法律、行政法规的强制性规定，欺诈、胁迫或者乘人之危情形时，不应认定赔偿协议有效；当赔偿协议存在重大误解或者显失公平情形时，应当支持劳动者依法行使撤销权。

本案中，某服务公司和某传媒公司协议约定的被派遣劳动者每天工作时间及每月工作保底工时，均严重超过法定标准。李某工亡前每月休息时间不超过3日，每日工作时间基本超过11小时，每月延长工作时间超过36小时数倍，其依法享有的休息权受到严重侵害。某传媒公司作为用工单位长期安排李某超时加班，存在过错，对李某在工作期间突发疾病死亡负有不可推卸的责任。惠某等主张某传媒公司与某服务公司就李某工伤的相关待遇承担连带赔偿责任，应予支持。惠某等虽与某传媒公司达成了赔偿协议，但赔偿协议是在劳动者未经社会保险行政部门认定工伤的情形下签订的，且赔偿协议约定的补偿数额明显低于法定工伤保险待遇标准，某服务公司和某传媒公司应对差额部分予以补足。

面对激烈的市场竞争环境，个别用人单位为降低用工成本、追求利润最大化，长期安排劳动者超时加班，对劳动者的身心健康、家庭和睦、参与社会生活等造成了严重影响，极端情况下会威胁劳动者的生命安全。本案系劳动者超时加班发生工伤而引发的工伤保险待遇纠纷，是超时劳动严重损害劳动者健康权的缩影。本案裁判明确了此种情况下用工单位、劳务派遣单位承担连带赔偿责任，可以有效避免劳务派遣用工中出现责任真空的现象，实现对劳动者合法权益的充分保障。同时，用人单位应依法参加工伤保险，保障职工的工伤保险权益，也能分散自身风险。如用人单位未参加工伤保险，工伤职工工伤保险待遇全部由用人单位支付。

[选自《人力资源社会保障部 最高人民法院关于联合发布第二批劳动人事争议典型案例的通知》（人社部函〔2021〕90号）]

19. 用人单位如何行使用工自主权合法调整劳动者的工作岗位和地点？

基本案情

孙某于 2017 年 8 月入职某模具公司，双方订立了无固定期限劳动合同，约定孙某的工作地点为某直辖市，岗位为"后勤辅助岗"，具体工作内容为"财务、预算管理和其他行政性工作"。双方还约定：某模具公司可以根据生产经营的需要，对孙某工作岗位、工作内容及工作地点进行调整。入职后，孙某被安排在某模具公司位于某城区的开发中心从事财务、人事等辅助性工作。2019 年 7 月 1 日，基于公司生产经营管理和减轻各中心工作负担的需要，某模具公司将各中心的财务工作转回公司总部的财务处统一管理。为此，孙某办理了开发中心全部财务凭证的交接。某模具公司与孙某沟通协商，提出安排其到开发中心其他岗位工作，但均被孙某拒绝。后某模具公司安排孙某到位于相邻城区的公司总部从事人事相关工作。7 月底，孙某要求某模具公司将其调回原工作地点及原岗位工作，双方由此发生争议。孙某向仲裁委员会申请仲裁。

申请人请求

某模具公司按原工作地点及原工作岗位继续履行劳动合同。

处理结果

裁决驳回孙某的仲裁请求。

案例评析

本案的争议焦点是模具公司对孙某调整工作岗位和工作地点是否属于合法行使用工自主权。

《中华人民共和国就业促进法》（以下简称《就业促进法》）第八条规定，"用人单位依法享有自主用人的权利"。用人单位作为市场主体，根据自身生产经营需要而对劳动者的工作岗位、工作地点进行适当调整，是行使用工自主权的重要内容，对其正常生产经营不可或缺。但同时，用人单位用工自主权的行使也必须在相关法律和政策的框架内，符合一定条件和范围，如用人单位须对岗位或工作地点的调整作出合理说明，防止用人单位借此打击报复或变相逼迫劳动者主动离职，即防止其权利的滥用。在仲裁和司法实务中，对于岗位或工作地点调整的合理性一般考虑以下因素：①是否基于用人单位生产经营需要；②是否属于对劳动合同约定的较大变更；③是否对劳动者有歧视性、侮辱性；④是否对劳动报酬及其他劳动条件产生较大影响；⑤劳动者是否能够胜任调整的岗位；⑥工作地点作出不便调整后，用人单位是否提供必要协助或补偿措施等。

本案中，双方在劳动合同中约定孙某的工作岗位为"后勤辅助岗"，该岗位不属于固定或专业岗位；某模具公司根据生产经营情况适当调整孙某的工作岗位、工作内容及工作地点，是基于公司财务统一管理的需要，对孙某并无针对性；某模具公司亦就工作岗位、工作地点和工作内容的调整与孙某进行了沟通协商，给出了包括在原工作地点适当调整岗位等多种选择方案，体现了对孙某劳动权益的尊重；调整后的人事岗位与孙某的原先岗位性质相近，孙某也完全能够胜任；孙某调整后的工作地点也处于交通便利的城区，上下班时间虽有所增加，但该地点变更不足以认定对其产生较大不利影响，对其劳动权益也不构成侵害，故依法驳回孙某的仲裁请求。

在市场经济条件下，用人单位因生产经营需要进行相关调整变化属于正常现象。法律允许用人单位根据自身生产经营需要，合理调整劳动者的工作岗位及工作地点，不仅有利于促进用人单位发展，也有利于劳动关系稳定。需要注意的是，如果用人单位对岗位或工作地点进行不合理调整并侵害劳动者的合法权益，劳动者可依法请求继续履行劳动合同或补偿工资差额等。《劳动合同法》第三十五条第一款规定："用人单位与劳动者协商一致，可以变更劳动合同约定的内容。变更劳动合同，应当采用书面形式。"对于用人单位来说，在生产经营或管理调整时，首先应当选择与劳动者充分协商，尽量通过变更或补充订立劳动合同方式完成调整；若未能协商一致，在基于用工自主权调整劳动者工作岗位或地点时，也要充分考虑劳动者的权益保障问题。作为劳动者，也应理解用人单位的发展需要，在发生调整时，要充分了解对自己权益的影响，积极与用人单位开展协商，共同寻求调整变化中的和谐。

20. 员工借出企业无法继续履行协议，"共享用工"如何处理？

基本案情

张某为某餐饮公司服务员，双方订立了劳动合同。2020年春节期间，餐饮公司停止营业，多名员工滞留当地。而某电商公司则业务量持续增长，送货、拣货等岗位人员紧缺。某电商公司遂与某餐饮公司签订了共享用工协议，约定张某自2020年2月3日至5月4日借调到某电商公司从事拣货员岗位工作，每月某电商公司将工资交由某餐饮公司后，由某餐饮公司支付给张某。张某同意临时到某电商公司工作，并经该公司培训后上岗。然而，某餐饮公司于3月20日依法宣告破产，并通知张某双方劳动合同终止，同时告知某电商公司将无法履行共享用工协议。某电商公司仍安排张某工作并支付工资。4月16日，张某向仲裁委员会申请仲裁。

申请人请求

确认张某与某电商公司自2020年2月3日至4月16日存在劳动关系。

处理结果

经仲裁委员会庭前调解，某电商公司认可与张某自2020年3月20日起存在劳动关系，双方订立了2020年3月20日至2021年3月19日的劳动合同，张某撤回了仲裁申请。

案例评析

本案的争议焦点是员工借出企业无法继续履行共享用工协议，借入企业继续用工的，劳动者与借入企业之间是否存在劳动关系。

共享用工是指员工富余企业将与之建立劳动关系的员工借调至缺工企业工作，员工与借出企业的劳动关系不发生改变，借入企业与借出企业签订协议，明确双方权利义务关系。《关于贯彻执行〈中华人民共和国劳动法〉若干问题的意见》第7项规定："用人单位应与其长期被外单位借用的人员、带薪上学人员、以及其他非在岗但仍保持劳动关系的人员签订劳动合同，但在外借和上学期间，劳动合同中的某些相关条款经双方协商可以变更。"因此，我国劳动法并不禁止用人单位之间对劳动者的借用。

《劳动合同法》第四十四条规定，"有下列情形之一的，劳动合同终止：……（四）用人单位被依法宣告破产的"。因共享用工协议的履行以劳动者与借出企业劳动关系的存在为前提，共享用工的用工模式自借出企业宣告破产时被打破。借入企业在明知劳动者与借出企业劳动关系终止的情况下继续用工，应根据有关法律和政策规定建立劳动关系。

本案中，某餐饮公司与某电商公司签订并履行了共享用工协议，张某同意被借调到某电商公司工作，应认定某餐饮公司与张某口头变更了劳动合同中工作地点、工作内容等事项。因某餐饮公司于2020年3月20日宣告破产，张某与某餐饮公司劳动合同终止，某电商公司与某餐饮公司原有的权利义务不再存在。而某电商公司明知某餐饮公司宣告破产，双方共享用工协议无法履行，仍然安排张某从事业务工作，对其进行劳动管理并发放劳动报酬，符合《关于确立劳动关系有关事项的通知》的有关规定，张某与某电商公司于2020年3月20日确立劳动关系。

庭前调解阶段，某电商公司表示因张某工作表现良好，公司正在研究是否正式聘用，希望暂缓开庭。仲裁委员会告知张某后，张某考虑工作机会难得，且工作地点等条件十分便利，同意暂不开庭，愿意等待某电商公司决议。最终，双方庭前和解，并订立了自2020年3月20日至2021年

3月19日的劳动合同，张某撤回了仲裁申请。

共享用工是借出企业与借入企业之间自行调配人力资源、解决特殊时期用工问题的应急措施。其本质是企业在不同行业之间短期调配人力资源，以应对各行业因淡旺季或特殊事件带来的人力资源需求差异，从而实现各方受益。借出和借入员工是企业之间行为，可以通过签订民事协议明确双方权利义务关系。共享用工属于特殊情况下的灵活用工方式，在法律主体认定、劳动报酬支付、社会保险费缴纳等方面还存在制度盲点，但需要明确的是，借出企业不得以营利为目的借出员工，也不得以共享用工之名，进行违法劳务派遣，或诱导劳动者注册个体工商户以规避用工责任。此外，劳动者在企业停工停产等特殊情况下，自主选择为其他企业提供劳动，不属于共享用工，应根据相关法律和政策认定是否建立双重劳动关系。

专题四
劳动合同解除、终止和无效

21. 劳动者拒绝违法超时加班安排，用人单位能否解除劳动合同？

基本案情

张某于2020年6月入职某快递公司，双方订立的劳动合同约定试用期为3个月，试用期月工资为8 000元，工作时间执行某快递公司规章制度相关规定。某快递公司规章制度规定，工作时间为早9时至晚9时，每周工作6天。2个月后，张某以工作时间严重超过法律规定上限为由拒绝超时加班安排，某快递公司即以张某在试用期间被证明不符合录用条件为由与其解除劳动合同。张某向仲裁委员会申请仲裁。

申请人请求

裁决某快递公司支付违法解除劳动合同赔偿金8 000元。

处理结果

仲裁委员会裁决某快递公司支付张某违法解除劳动合同赔偿金8 000元（裁决为终局裁决）。仲裁委员会将案件情况通报劳动保障监察机构，劳动保障监察机构对某快递公司规章制度违反法律、法规规定的情形责令其改正，给予警告。

案例评析

本案的争议焦点是张某拒绝违法超时加班安排，某快递公司能否与其解除劳动合同。

《劳动法》第四十一条规定："用人单位由于生产经营需要，经与工会和劳动者协商后可以延长工作时间，一般每日不得超过一小时；因特殊原因需要延长工作时间的，在保障劳动者身体健康的条件下延长工作时间每日不得超过三小时，但是每月不得超过三十六小时。"第四十三条规定："用人单位不得违反本法规定延长劳动者的工作时间。"《劳动合同法》第二十六条规定，"下列劳动合同无效或者部分无效：……（三）违反法律、行政法规强制性规定的"。为确保劳动者休息权的实现，我国法律对延长工作时间的上限予以明确规定。用人单位制定违反法律规定的加班制度，在劳动合同中与劳动者约定违反法律规定的加班条款，均应认定为无效。

本案中，某快递公司规章制度中"工作时间为早9时至晚9时，每周工作6天"的内容，严重违反法律关于延长工作时间上限的规定，应认定为无效。张某拒绝违法超时加班安排，系维护自身合法权益，不能据此认定其在试用期间被证明不符合录用条件。故仲裁委员会依法裁决某快递公司支付张某违法解除劳动合同赔偿金。

《劳动法》第四条规定："用人单位应当依法建立和完善规章制度，保障劳动者享有劳动权利和履行劳动义务。"法律在支持用人单位依法行使管理职权的同时，也明确其必须履行保障劳动者权利的义务。用人单位的规章制度以及相应工作安排必须符合法律、行政法规的规定，否则既要承担违法后果，也不利于构建和谐稳定的劳动关系、促进自身健康发展。

［选自《人力资源社会保障部　最高人民法院关于联合发布第二批劳动人事争议典型案例的通知》（人社部函〔2021〕90号）］

22. 未公示或未告知劳动者的规章制度不得作为用人单位解除劳动合同的依据

基本案情

2014年3月2日，王某到某服装公司工作，双方订立了一份固定期限劳动合同，合同期至2017年3月1日。王某月工资为4 000元。2016年7月15日早上，王某写了3天的事假条，申请从2016年7月18日到2016年7月20日（3个工作日）的事假，并上交人事主管，随后在没有得到公司回复的情况下自行休假3天，导致其本人休假前的工作任务因无人交接而被迫推迟。事后，某服装公司认为王某的行为已经构成旷工3日，根据公司考勤管理制度第27条"职工连续旷工达2日（包括2日）以上的，与其解除劳动合同"的规定，2016年7月25日通知王某解除劳动合同。王某不服，表示自己从不知道公司有考勤管理制度。某服装公司则认为，王某2014年入职，2015年年初制定公布考勤管理制度，虽然制度公示的相关证据未保留下来，但是王某作为老员工理应了解该制度，现在王某旷工，公司依规对其作出解除劳动合同的决定合法有效。王某遂提起劳动争议仲裁。

申请人请求

某服装公司支付违法解除劳动合同赔偿金20 000元。

处理结果

裁决某服装公司向王某支付违法解除劳动合同赔偿金20 000元

（4 000元×2.5月×2倍）。

案例评析

本案的争议焦点是王某的行为是否构成旷工以及某服装公司的考勤管理制度是否合法有效。

《劳动合同法》第三十九条规定，"劳动者有下列情形之一的，用人单位可以解除劳动合同：……（二）严重违反用人单位的规章制度的"。该条款规定了用人单位依据本单位的规章制度单方面解除劳动合同必须同时具备事实依据与制度依据。

关于事实依据，就是要认清王某在向某服装公司递交事假条尚未获得公司批准的情况下连续3日不上班，是事假还是旷工。劳动法律实践中，一般情况下事假成立需要职工提出请假申请并得到用人单位同意。本案中，王某只是向某服装公司人事主管递交了请假条，但未得到公司批准同意。因此，王某的请假尚未完成，其不能单方决定休假。王某连续3日不上班的行为构成旷工。

关于制度依据，就是要判断某服装公司的考勤管理制度能否作为处理王某的依据。《劳动合同法》第四条规定："用人单位应当依法建立和完善劳动规章制度，保障劳动者享有劳动权利、履行劳动义务。用人单位在制定、修改或者决定……直接涉及劳动者切身利益的规章制度或者重大事项时，应当经职工代表大会或者全体职工讨论，提出方案和意见，与工会或者职工代表平等协商确定……用人单位应当将直接涉及劳动者切身利益的规章制度和重大事项决定公示，或者告知劳动者。"该条款明确了用人单位制定规章制度的法律程序。仲裁实践中，一般依据该条款认为用人单位的规章制度必须具备内容合法、制定程序民主、事前公示或告知劳动者等条件，才能适用于用人单位的用工管理。且根据《劳动争议调解仲裁法》第六条"发生劳动争议，当事人对自己提出的主张，有责任提供证据。与争议事项有关的证据属于用人单位掌握管理的，用人单位应当提供；用人单位不提供的，应当承担不利后果"的规定，证明规章制度合法有效的举证责任在用人单位。本案中，王某否认自己知晓某服装公司有考勤管理制度。虽然某服装公司认为王某事前应当知晓该制度，但未向仲裁庭提交该制度的制定程序及向全体劳动者公示或单独告知王某的相关证据。因此，仲裁庭认为某服装公司的考勤管理制度未经法定程序制定且未告知王某，没有产生法律效力，某服装公司不能据其对王某进行管理。

根据对事实依据及制度依据的审查，仲裁庭认为：虽然王某存在旷工行为，但是某服装公司依据未生效的考勤管理制度单方面解除与王某的劳动合同，仍然不符合《劳动合同法》第三十九条关于用人单位可以解除劳动合同的规定，属于违法解除劳动合同。

综上，仲裁庭裁决某服装公司向王某支付违法解除劳动合同赔偿金20 000元。

23. 劳务派遣单位不得因用工单位客观情况发生重大变化与劳动者解除劳动合同

基本案情

2012年12月29日，刘某入职某人力资源公司，双方订立劳务派遣劳动合同，约定某人力资源公司将刘某派遣至某百货公司从事理货员工作，月工资为3 500元。

2016年4月，某百货公司因经营不善停业，于2016年4月30日将刘某退回至某人力资源公司。同日，某人力资源公司以某百货公司经营情况发生重大变化为由与刘某解除了劳动合同，并向刘某送达了解除劳动合同通知书。刘某表示，虽然某百货公司确实因经营不善停业，但是某人力资源公司可以安排自己去其他公司继续工作，所以某人力资源公司是违法解除劳动合同。刘某拒绝签收解除劳动合同通知书，并提起劳动争议仲裁。

申请人请求

某人力资源公司、某百货公司共同支付违法解除劳动合同赔偿金24 500元。

处理结果

1. 裁决某人力资源公司向刘某支付违法解除劳动合同赔偿金24 500元（3 500元×3.5月×2倍）。

2. 驳回刘某对某百货公司的仲裁请求。

案例评析

本案的争议焦点是在劳务派遣中用工单位退回行为与劳务派遣单位解除行为的关系问题。具体来说就是，用工单位因客观情况发生重大变化导致无法继续安排被派遣劳动者工作，将被派遣劳动者退回劳务派遣单位，劳务派遣单位能否因此直接与劳动者解除劳动合同。

《劳动合同法》第四十条规定："有下列情形之一的，用人单位提前三十日以书面形式通知劳动者本人或者额外支付劳动者一个月工资后，可以解除劳动合同：……（三）劳动合同订立时所依据的客观情况发生重大变化，致使劳动合同无法履行，经用人单位与劳动者协商，未能就变更劳动合同内容达成协议的。"《劳务派遣暂行规定》第十二条规定："有下列情形之一的，用工单位可以将被派遣劳动者退回劳务派遣单位：（一）用工单位有劳动合同法第四十条第三项、第四十一条规定情形的……被派遣劳动者退回后在无工作期间，劳务派遣单位应当按照不低于所在地人民政府规定的最低工资标准，向其按月支付报酬。"第十五条规定："被派遣劳动者因本规定第十二条规定被用工单位退回，劳务派遣单位重新派遣时维持或者提高劳动合同约定条件，被派遣劳动者不同意的，劳务派遣单位可以解除劳动合同。被派遣劳动者因本规定第十二条规定被用工单位退回，劳务派遣单位重新派遣时降低劳动合同约定条件，被派遣劳动者不同意的，劳务派遣单位不得解除劳动合同。但被派遣劳动者提出解除劳动合同的除外。"

从以上法律和规章的相关规定可以看出，在劳务派遣用工形式下，当用工单位的客观情况发生重大变化，导致无法继续安排被派遣劳动者工作时，用工单位有权将被派遣劳动者退回劳务派遣单位。但是，劳务派遣单位不能直接适用《劳动合同法》第四十条所规定的"与劳动者协商，未能就变更劳动合同内容达成协议"的条款立即与被派遣劳动者解除劳动合同。在仲裁实践中，一般认为当用工单位依据"客观情况发生重大变化，无法继续安排被派遣劳动者工作"的理由将被派遣劳动者退回劳务派遣单位后，按照《劳务派遣暂行规定》，劳务派遣单位对劳动者只能有两种安置办法，即按照不低于所在地最低工资标准向其按月支付工资，或者重新派遣劳动者。劳务派遣单位选择重新派遣劳动者的，只有当重新派遣维持或者提高劳动合同约定条件且被派遣劳动者仍不同意的，劳务派遣单位才能够依据《劳动合同法》第四十条第三项解除劳动合同。需要注意的是，在这种解除情况下，劳务派遣单位仍然要提前30日以书面形式通知劳动者本人或者额外支付劳动者1个月工资。

本案中，某百货公司因经营不善停业，不能继续留用刘某，属于客观情况发生重大变化导致无法用工，所以某百货公司将刘某退回某人力资源公司，符合《劳务派遣暂行规定》第十二条的规定。但是，某人力资源公司以该理由直接解除与刘某的劳动合同不符合《劳务派遣暂行规定》第十二条、第十五条的规定，属于违法解除劳动合同，应当支付刘某违法解除劳动合同赔偿金。

另外，需要注意的是，《劳动合同法》第九十二条第二款规定："……用工单位给被派遣劳动者造成损害的，劳务派遣单位与用工单位承担连带赔偿责任。"《劳务派遣暂行规定》第二十条规定："劳务派遣单位、用工单位违反劳动合同法和劳动合同法实施条例有关劳务派遣规定的，按照劳动合同法第九十二条规定执行。"第二十四条规定："用工单位违反本规定退回被派遣劳动者的，按照劳动合同法第九十二条第二款规定执行。"本案中，因为某百货公司作为用工单位退回刘某的行为合法且该公司未给刘某造成损害，所以刘某要求某百货公司承担赔偿责任不符合上述条款的规定，不应得到支持。

综上，仲裁庭裁决某人力资源公司向刘某支付违法解除劳动合同赔偿金24 500元，并驳回刘某对某百货公司的仲裁请求。

24. 劳动者提供虚假学历证书是否导致劳动合同无效？

基本案情

2018年6月，某网络公司发布招聘启事，招聘计算机工程专业大学本科以上学历的网络技术人员1名。赵某为销售专业大专学历，但其向该网络公司提交了计算机工程专业大学本科学历的学历证书、个人履历等材料。后赵某与某网络公司订立了劳动合同，进入该网络公司从事网络技术工作。2018年9月初，某网络公司偶然获悉赵某的实际学历为大专，并向赵某询问。赵某承认自己为应聘而提供虚假学历证书、个人履历的事实。某网络公司认为，赵某提供虚假学历证书、个人履历属于欺诈行为，严重违背诚实信用原则，根据《劳动合同法》第二十六条、第三十九条规定解除了与赵某的劳动合同。赵某不服，向仲裁委员会申请仲裁。

申请人请求

某网络公司继续履行劳动合同。

处理结果

裁决驳回赵某的仲裁请求。

案例评析

本案的争议焦点是赵某提供虚假学历证书、个人履历是否导致劳动合同无效。

《劳动合同法》第八条规定："用人单位招用劳动者时，应当如实告知劳动者工作内容、工作条件、工作地点、职业危害、安全生产状况、劳动报酬，以及劳动者要求了解的其他情况；用人单位有权了解劳动者与劳动合同直接相关的基本情况，劳动者应当如实说明。"第二十六条第一款规定："下列劳动合同无效或者部分无效：（一）以欺诈、胁迫的手段或者乘人之危，使对方在违背真实意思的情况下订立或者变更劳动合同的……"第三十九条规定："劳动者有下列情形之一的，用人单位可以解除劳动合同：……（五）因本法第二十六条第一款第一项规定的情形致使劳动合同无效的……"从上述条款可知，劳动合同是用人单位与劳动者双方协商一致达成的协议，相关信息对于是否订立劳动合同、建立劳动关系的真实意思表示具有重要影响。《劳动合同法》第八条既规定了用人单位的告知义务，也规定了劳动者的告知义务。如果劳动者违反诚实信用原则，隐瞒或者虚构与劳动合同直接相关的基本情况，根据《劳动合同法》第二十六条第一款规定属于劳动合同无效或部分无效的情形。用人单位可以根据《劳动合同法》第三十九条规定解除劳动合同并不支付经济补偿。此外，应当注意的是，《劳动合同法》第八条"劳动者应当如实说明"应仅限于"与劳动合同直接相关的基本情况"，如履行劳动合同所必需的知识技能、学历、学位、职业资格、工作经历等，用人单位无权要求劳动者提供婚姻状况、生育情况等涉及个人隐私的信息，也即不能任意扩大用人单位知情权及劳动者告知义务的外延。

本案中，"计算机工程专业""大学本科学历"等情况与某网络公司招聘的网络技术人员岗位职责、工作完成效果有密切关联性，属于"与劳动合同直接相关的基本情况"。赵某在应聘时故意提供虚假学历证书、个人履历，致使某网络公司在违背真实意思的情况下与其订立了劳动合同。因此，根据《劳动合同法》第二十六条第一款规定，双方订立的劳动合同无效。某网络公司根据《劳动合同法》第三十九条第五项规定，解除与赵某的劳动合同符合法律规定，故依法驳回赵某的仲裁请求。

《劳动合同法》第三条第一款规定："订立劳动合同，应当遵循合法、公平、平等自愿、协商一致、诚实信用的原则。"第二十六条规定，以欺诈、胁迫的手段或者乘人之危，使对方在违背真实意思的情况下订立或者变更劳动合同的劳动合同无效或部分无效。第三十九条有关以欺诈手段订立的劳动合同无效、可以单方解除的规定，进一步体现了诚实信用原则。诚实信用既是《劳动合同法》规定订立劳动合同的基本原则之一，也是社会基本道德之一。用人单位与劳动者订立劳动合同时都必须遵循诚实信用原则，建立合法、诚信、和谐的劳动关系。

25. 提供虚假的婚姻信息是否构成欺诈并导致劳动合同无效？

基本案情

某酒业公司招聘会计，要求本科毕业、有会计执业资格。王某参加面试时，某酒业公司人事经理告知其符合条件并要求王某当场填写员工基本情况。王某在"婚姻状况"一栏中填写"未婚"。2019年5月1日王某入职并与某酒业公司订立书面劳动合同，约定岗位为会计，月工资5 000元。当年12月下旬，王某发现自己怀孕但未告知某酒业公司。后王某妊娠反应严重，某酒业公司发现王某结婚并怀孕的事实后，人事经理告知王某，因其入职时填写虚假婚姻状况，双方劳动合同无效，当场口头辞退王某。王某对此不服，向仲裁委员会提出仲裁申请。

申请人请求

确认双方订立的劳动合同有效，某酒业公司继续履行劳动合同。

处理结果

1. 裁决某酒业公司继续履行与王某的劳动合同。
2. 驳回王某的其他仲裁请求。

案例评析

本案的争议焦点是，王某未如实告知婚姻状况，某酒业公司能否以劳动者欺诈为由，认定劳动合同无效并据此解除劳动合同。

1. 确认劳动合同有效是否属于仲裁委员会的受理范围？

《劳动合同法》第二十六条第二款明确规定，"对劳动合同的无效或者部分无效有争议的，由劳动争议仲裁机构或者人民法院确认"，即仲裁委员会应当受理确认劳动合同无效或部分无效的争议。因此，劳动者或者用人单位认为双方之间的劳动合同有效的，无须到仲裁委员会申请确认有效，即确认劳动合同有效不是仲裁委员会受理范围。主要理由是《劳动合同法》第十六条规定"劳动合同由用人单位与劳动者协商一致，并经用人单位与劳动者在劳动合同文本上签字或者盖章生效"，所以劳动合同自签字或者盖章时已经生效，不需要仲裁委员会的确认。

当事人直接申请确认劳动合同有效的，仲裁委员会应当依法告知当事人可以基于有效的劳动合同申请其他仲裁请求；若当事人坚持要求确认劳动合同有效的，仲裁委员会不应当受理该项请求。

2. 劳动者未告知婚姻状况是否构成合同欺诈？

《劳动合同法》第二十六条规定，以欺诈使对方在违背真实意思的情况下订立或者变更劳动合同的，劳动合同无效或者部分无效。欺诈是指劳动者或者用人单位违反诚信原则，故意告知对方虚假情况，或者故意隐瞒真实情况诱使对方作出错误意思表示而订立或变更合同的行为。其构成要件包括：一方违背其如实告知义务；其虚构事实或隐瞒真实情况，且虚构或隐瞒的情况与所订立或变更的劳动合同相关；其虚构事实和隐瞒真实情况都是故意为之；其行为须使对方陷入错误并订立或变更劳动合同；已订立或变更的劳动合同对受欺诈人有重大不利。

判断王某填写虚假婚姻状况的行为是否构成欺诈，首先要判断劳动者与用人单位订立劳动合同的知情权范围是否包含婚姻情况。总体来说，订立劳动合同时如实告知与劳动合同履行直接相关的基本情况，是用人单位和劳动者的法定义务。但是《劳动合同法》第八条规定："用人单位招用劳动者时，应当如实告知劳动者工作内容、工作条件、工作地点、职业危害、安全生产状况、劳动报酬，以及劳动者要求了解的其他情况；用人单位有权了解劳动者与劳动合同直接相关的基本情况，劳动者应当如实说明。"该条款对用人单位应当告知劳动者的内容采用列举加兜底方式进行了描述，对劳动者应当告知用人单位的内容仅做了相关性描述，即"与劳动合同直接相关"。这说明该条款的立法本意就是明确用人单位对劳动者的知情权是有限的，防止用人单位侵害劳动者的隐私权。判断劳动者告知的内容是否"与劳动合同直接相关"，一方面可以参考《劳动合同法》第十七条关于劳动合同应当具备的条款内容的规定，另一方面从履职角度理解，主要包括与履行劳动合同直接相关或者证明劳动者符合应聘岗位要求的其他信息，如劳动者的身体健康状况、学历、培训经历、从业经历、知识技能、职业资格等。

婚姻状况是否与劳动合同直接相关，判断的标准应当是"婚姻状况是否影响劳动者履行劳动合同的能力"。而且《中华人民共和国妇女权益保障法》（以下简称《妇女权益保障法》）第四十三条规定，"用人单位在招录（聘）过程中，除国家另有规定外，不得实施下列行为：……（二）除个人基本信息外，进一步询问或者调查女性求职者的婚育情况"。第四十四条第一款规定："用人单位在录（聘）用女职工时，应当依法与其签订劳动（聘用）合同或者服务协议，劳动（聘用）合同或者服务协议中应当具备女职工特殊保护条款，并不得规定限制女职工结婚、生育等内容。"对于一般岗位来讲，劳动者的婚姻状况不影响其履行劳动合同的能力，例如本案中申请人王某所在的会计岗位，不论男女、婚否、孕否，都不会影响其履职能力，故不属于履行劳动合同能力和条件的范畴。某酒业公司作为用人单位要求王某告知婚姻状况，明显是调查王某的婚育状况，既违反了《劳动合同法》第八条，又违反了《妇女权益保障法》第四十三条、第四十四条第一款的规定。因此，劳动者王某为了保护自己的就业权益而未如实向用人单位提供婚姻状况，不能视为欺诈，更不能导致劳动合同无效。该公司以劳动者涉嫌欺诈致使劳动合同无效为由解除劳动合同，属于违法解除，故仲裁委员会支持了劳动者要求继续履行劳动合同的仲裁请求。

《就业促进法》第三条第二款规定："劳动者就业，不因民族、种族、性别、宗教信仰等不同而受歧视。"《劳动法》第十三条规定："妇女享有与男子平等的就业权利。在录用职工时，除国家规定的不适合妇女的工种或者岗位外，不得以性别为由拒绝录用妇女或者提高对妇女的录用标准。"女性依法享有平等就业权，但是现实中很多女性劳动者却因婚育情况遭受用人单位调离原岗位、解除劳动合同等违法行为，这些就业歧视行为必须得到纠正，才能有效保护女职工的合法权益。同时，用人单位与女性劳动者也应当依法向对方履行告知义务，用人单位应当把劳动者未来的工作内容、工作条件、工作地点、职业危害、安全生产状况、劳动报酬等与工作密切相关的内容如实告知劳动者；女性劳动者也不应当隐瞒自身与劳动合同直接相关的基本情况。

26. 劳动合同中约定解除违约金是否有效？

基本案情

丁某原在一企业任副总。2017年11月，某商业公司负责人与丁某商议，承诺以30万元年薪请丁某到公司任副总裁。2017年11月14日，双方经协商达成一致并订立了劳动合同，约定合同期限为5年，丁某基本月工资标准1.8万元，绩效工资另算。由于丁某离退休尚有5年，担心合同履行期内遭辞退，双方在劳动合同中特别约定"一方无论因何种原因违约，支付对方违约金10万元"。自2018年1月起丁某到某商业公司工作，工作1年多以后双方发生争议。2019年9月，丁某向仲裁委员会提出仲裁申请，主张因为本人与公司总裁在公司经营管理模式上多次发生争执，自2019年3月起某商业公司人事经理电话告知总裁不允许丁某继续到公司上班。丁某认为，某商业公司违反了劳动合同的特别约定，属于违法解除劳动合同，故请求裁决某商业公司支付违法解除劳动合同的赔偿金及违约金。某商业公司立即提起反申请，主张公司总裁与丁某确实在公司的经营管理模式上有不同观点，但是人事经理或者其他人并未通知丁某不得到公司上班，而是丁某自2019年3月起在无任何理由的情况下不到公司上班，经人事经理多次电话催促后仍旧没有上班。某商业公司认为丁某的行为应当视为自动离职。

申请人请求

1. 某商业公司支付违法解除劳动合同赔偿金5.4万元。
2. 某商业公司支付丁某违约金10万元。

反申请人请求

1. 确认丁某违法解除劳动合同。
2. 丁某支付某商业公司违约金 10 万元。

处理结果

经调解,某商业公司支付丁某解除劳动合同的经济补偿 4 万元。

案例评析

本案的争议焦点是:提出解除劳动合同的是某商业公司还是丁某;劳动合同中关于违约金的约定是否有效。

1. 关于单方解除劳动合同的事实认定

《劳动合同法》第三十六条至第四十一条,延续了《劳动法》关于劳动合同解除分类及基本原则的规定,将劳动合同解除分为双方当事人协商一致解除、劳动者单方解除、用人单位单方解除等几种情形,明确赋予了劳动者和用人单位劳动合同单方解除权。解除劳动合同既可以通过语言或者文字明确表示,也可以通过行为进行推定。具体到本案中,仲裁庭认为用人单位作为劳动用工主体,承担用工管理责任,有权利也有义务进行日常用工管理,如分配工作任务,记录出勤情况,根据出勤情况或工作完成情况对劳动者进行考核,支付劳动报酬等。在劳动者未出勤的情况下,用人单位应当行使管理职权,对劳动者无故不来上班的,可以通过电话、邮件或者其他方式催告劳动者履行劳动义务。在双方当事人均认可劳动关系已经解除,但是对劳动关系解除的方式和原因存在争议的情况下,用人单位更有能力举证劳动者出勤情况及本单位通知催告劳动者的情况。因此,仲裁庭认定应当由用人单位承担劳动者出勤情况及通知催告劳动者上班的举证责任。本案中,虽然某商业公司作为用人单位主张丁某自己无理由不上班且该单位已经多次催告丁某出勤，但是对该主张并未举证，仲裁庭综合双方的举证能力及双方陈述等因素，采信了丁某关于人事经理通知解除劳动合同的陈述。

2. 劳动合同中违约金条款的法律效力

关于双方劳动合同中"一方无论因何种原因违约，支付对方违约金10万元"条款的效力，存在两种不同观点。第一种观点认为，丁某在原企业任副总，且已近退休年龄，双方约定的违约金条款并非单纯"由劳动者承担违约金"，主要是为防止公司中途违约给劳动者带来重大损失。违约金条款的约定无欺诈、胁迫，违约金10万元与劳动者的年薪相比并不高，也不存在显失公平的情形，系双方当事人的真实意思表示且未违反法律禁止性规定，仲裁庭就应当按照民事契约自由的原则，确认合法有效。某商业公司违法解除劳动合同行为在先，所以应当按照约定承担违约金。但是，违约金系约定的解除劳动合同赔偿项目，违法解除劳动合同赔偿金属于违法解除劳动合同赔偿款，性质上有竞合，不应同时支持。

第二种观点认为，双方约定的"一方无论因何种原因违约，支付对方违约金10万元"劳动合同条款，从内容上看含有"由劳动者承担违约金"的情形，违反了《劳动合同法》第二十五条规定，应属于无效约定。为保护劳动者的自主择业权，防止用人单位滥用违约金条款，《劳动合同法》第二十五条规定"除本法第二十二条和第二十三条规定的情形外，用人单位不得与劳动者约定由劳动者承担违约金"，明确用人单位只有在为劳动者提供专项培训费用或者劳动者违反竞业限制约定两种情形下，才可以与劳动者约定由劳动者承担违约金。该条款属于效力性强制性规定，违反此规定的行为自始无效，当事人不得根据该条款获益。

最终，仲裁庭认为本案中"一方无论因何种原因违约，支付对方违约金10万元"的约定条款，包含了"由劳动者承担违约金"的情形。这种约定明显违反了《劳动合同法》第二十五条的强制性规定，限制了劳动者解除劳动合同的法定权利，应当属于无效条款且自始无效。劳动者与用人单位都不得要求对方依据该约定支付违约金。经仲裁庭的释法及调解，双方当事人达成调解协议，最终某商业公司支付丁某解除劳动合同的经济补偿4万元。

实践中，经常出现用人单位与劳动者都认可解除劳动合同的事实，但劳动者主张用人单位解除劳动合同，用人单位主张劳动者系不告而别，双方均未履行解除劳动合同手续。在这种情形下，应从用人单位是否充分履行管理职责进行综合判断。用人单位如果不能充分举证系劳动者主动辞职，要承担不利后果。同时用人单位应加强日常管理，发现劳动者存在不告而别的行为，要及时进行催告或者履行管理职责，避免法律风险。同时，用人单位在与劳动者约定违约金条款时应当严格依据《劳动合同法》第二十二条、第二十三条、第二十五条的规定，不得超越法定权限与劳动者约定违约金，更不能恶意以违约金条款限制劳动者的单方面解除劳动合同的权利。

27. 用人单位能否以合同约定限制劳动者的单方面解除劳动合同权利？

基本案情

任某在某银行分行担任营业部主任期间，该营业部与客户发生经济纠纷，客户以服务合同纠纷为由将任某与任某所在的银行分行起诉至人民法院要求赔偿损失。2020年11月11日某银行分行研究决定：解聘任某的营业部主任职务，调监察部工作，专职负责处置相关事宜，在任某未处置完其擅自为他人办理业务中涉嫌违反相关管理规定的事件之前，停止发放绩效工资。根据某银行分行的薪酬管理办法及绩效管理实施方案，任某担任营业部主任期间的工资主要构成为：岗位工资+预发上月绩效工资的50%，剩余50%绩效工资在年末时根据全年绩效考核结果兑现发放。此后，某银行分行按任某变动后的工作岗位按月发放了2020年11月、12月工资（岗位工资+450元交通补贴+200元通信费），但是年末时未对任某进行绩效考核，也未发放2020年全年绩效工资。自2021年3月起，某银行分行停发了任某450元的交通补贴及200元的通信费。

2021年3月21日，任某以"家中有事，身体欠佳"为由，书面通知某银行分行解除双方的劳动合同。某银行分行以双方劳动合同约定"解除劳动合同未征得甲方同意，乙方不得单方面解除合同"为由，不同意解除与任某的劳动合同。因与某银行分行协商未果，任某向仲裁委员会提出仲裁申请。案件审理中，任某将解除劳动合同理由变更为"被申请人拖欠工资导致其解除合同"。

申请人请求

1. 解除某银行分行与任某双方的劳动合同。

2. 某银行分行支付解除劳动合同的经济补偿 24 万元。

处理结果

经仲裁委员会释明后,任某仍然坚持原请求,故仲裁委员会裁定驳回任某的仲裁请求。

案例评析

本案的争议焦点是:任某解除劳动合同是否需要某银行分行批准;任某以个人原因解除劳动合同后,能否再以其他理由解除劳动合同并要求经济补偿。

1. 任某解除劳动合同是否需要某银行分行批准?

劳动者提前通知解除,是指劳动者经预先通知用人单位解除劳动合同后即可单方解除劳动关系的法律行为。劳动者提前通知解除是劳动者单方面的权利,只要其辞职的单方意思表示送达用人单位即可生效,属于形成权,不受用人单位制约,无须征得用人单位同意且仅以预告为程序性条件,不附加实体性条件。《劳动法》第三十一条是我国劳动立法中首创的劳动者提前通知解除制度。《劳动合同法》也按照形成权的理念设计了劳动合同单方解除权,即解除劳动合同不必经过对方当事人同意,只要解除权人将解除合同的意思表示通知对方,即可发生合同解除的效果。其中第三十七条规定:劳动者提前 30 日以书面形式通知用人单位,可以解除劳动合同;劳动者在试用期内提前 3 日通知用人单位,可以解除劳动合同。劳动者只需履行法定义务提前 30 日以书面形式通知用人单位,即可自主解除劳动合同,不需经过用人单位批准,也不受双方关于解除劳动合同的限制性约定。这是法律对于劳动者择业自主权的保护,既规定了劳动者解除劳动合同的条件,又规定了劳动者解除劳动合同的程序,保障劳动者辞职自由又兼顾用人单位合法利益。

本案中,虽然双方订立的劳动合同约定"解除劳动合同未征得甲方同意，乙方不得单方面解除合同"，但此约定违反了《劳动合同法》的相关规定，属于无效条款，因此仲裁委员会对用人单位关于劳动者违法解除的主张不予认定，双方的劳动合同自任某提出书面解除申请的30日后依法解除。

2. 以个人原因通知对方解除劳动合同后，能否再以其他理由解除劳动合同并要求经济补偿？

《劳动合同法》第三十七条规定："劳动者提前三十日以书面形式通知用人单位，可以解除劳动合同。劳动者在试用期内提前三日通知用人单位，可以解除劳动合同。"劳动者依据此条规定解除劳动合同的，用人单位可以不支付经济补偿。《劳动合同法》第三十八条、第四十六条规定，用人单位存在过错的情形下，劳动者单方提出解除劳动合同，有权获得经济补偿。解除权属于形成权的范畴，单方意思表示一旦送达对方即为生效，不可单方撤销。故不可在送达之后，用其他理由再行行使。任某先向某银行分行书面提出解除劳动合同，其理由为"家中有事，身体欠佳"，解除劳动合同意思表示送达银行时就已经生效。事后，任某又依据《劳动合同法》第三十七条的规定向某银行分行要求解除劳动合同，其后来的解除行为并无法律效力。

由于任某以"家中有事，身体欠佳"为由解除劳动合同，该解除行为的理由并不属于《劳动合同法》第四十六条规定中用人单位应当支付经济补偿的情形，故其要求某银行分行支付经济补偿的请求不应予以支持。当然，如该分行未按照法律规定为其办理解除劳动合同手续，如出具解除劳动合同证明、办理档案和社会保险转移手续等，任某可以要求用人单位履行相应法定义务。

实践中有用人单位存在误解，认为劳动者单方解除劳动合同应当经过用人单位批准。极少数用人单位在劳动者提前30日通知解除期满后，还以各种理由拒绝为劳动者办理解除劳动合同手续，拒绝为劳动者办理社会保险转移手续。这种做法，既侵害了劳动者的合法权益，也于法无据，用人单位甚至要承担更大的风险。因此，建议用人单位一定要知法守法，用合法手段维护用人单位的利益。

28. 用人单位搬迁导致劳动合同解除是否需要支付经济补偿?

基本案情

张某等20余人系某汽车零件公司员工,均与该公司订立了劳动合同。劳动合同约定工作地点在上海市松江区新桥镇,并约定"用人单位根据经营情况可调整工作地点,劳动者必须服从安排,如不服从安排,用人单位可解除劳动合同并不支付任何经济补偿"。2018年11月10日,该公司因市政动迁占地,无法继续在原址开工,所以该公司高层讨论后决定将公司及厂房整体搬迁至江苏省昆山市。

该公司将搬迁的情况通知工会,并在搬迁两个月前书面征求全公司职工意见,明确表示将与愿意迁至新地点工作的职工签订劳动合同变更协议。张某等20余人表示其生活根基在上海,不想到昆山去工作。公司人事部门、工会与张某等人进行多次沟通无果,2019年2月15日该公司以张某等不服从工作安排为由书面通知解除劳动合同。张某等人要求该公司支付解除劳动合同的经济补偿,但该公司以搬迁符合劳动合同约定为由拒绝支付。张某等20余人向仲裁委员会提出仲裁申请。

申请人请求

某汽车零件公司支付解除劳动合同的经济补偿。

处理结果

裁决某汽车零件公司向张某等人支付解除劳动合同的经济补偿。

案例评析

本案的争议焦点是：某汽车零件公司搬迁是否属于客观情况发生重大变化，是否必然导致劳动合同无法履行；某汽车零件公司依据劳动合同约定拒付解除劳动合同经济补偿是否合法。

1. 某汽车零件公司搬迁是否属于客观情况发生重大变化，是否必然导致劳动合同无法履行？

《劳动合同法》第四十条规定，劳动合同订立时所依据的客观情况发生重大变化，致使劳动合同无法履行，经用人单位与劳动者协商，未能就变更劳动合同内容达成协议的，用人单位提前30日以书面形式通知劳动者本人或者额外支付劳动者1个月工资后，可以解除劳动合同。

上述法条赋予了用人单位在客观情况发生重大变化的情况下经法定程序可单方解除劳动合同的权利。对于何种情况属于"客观情况发生重大变化"，《劳动合同法》及《劳动合同法实施条例》均未作出明确规定，但原劳动部颁布的《关于〈中华人民共和国劳动法〉若干条文的说明》第二十六条对"客观情况"作出解释并作了概括列举式说明：发生不可抗力或出现致使劳动合同全部或部分条款无法履行的其他情况，如企业迁移、被兼并，企业资产转移等。实践中，诸如部门、岗位裁撤及产业结构调整等，是否也属于客观情况发生重大变化应根据实际情况判断，不能一概而论，如若不然则会导致用人单位解除权的滥用，侵害劳动者合法权益。是否属于客观情况发生重大变化，应确定用人单位裁撤等情况的真实性，如果用人单位的部门或岗位确实发生裁撤，且已实际实施，双方劳动合同实际已无法履行，则应认定属于客观情况发生重大变化；如果用人单位名义上进行部门或岗位裁撤，但未实际实施，仅是改头换面换个称呼，则用人单位涉嫌假借裁撤之名恶意与劳动者解除劳动合同。

企业搬迁属于客观情况发生重大变化，是否发生搬迁必然导致合同无法履行？一般来说，搬迁与劳动合同履行之间是否存在因果关系的衡量标准就是搬迁对劳动合同履行是否带来实质性影响。一般认为，如果搬迁发生在本区域内、相近区域之间,或者搬迁发生在较远区域之间但是企业提供班车、补贴等便利条件,足以支撑劳动者继续履行劳动合同的,就不能认定搬迁导致劳动合同无法履行。如果企业迁至外省市,或者搬迁在客观上使得劳动者的实际生活及劳动合同的履行受到实质性影响,这种搬迁行为属于导致劳动合同无法履行的客观情况重大变化。本案中,张某等人为本地人,其生活范围主要在松江区新桥镇,异地搬迁对其生活将造成实质性影响,其拒绝前往很正常,可以认定双方劳动合同已实际无法履行。

2. 用人单位是否可以依据劳动合同的约定不支付经济补偿?

本案中某汽车零件公司跨省市搬迁应属于客观情况发生重大变化,究其本质是劳动合同履行地的改变,属于劳动合同变更的情形之一。对于合同履行地的变更,双方之间通过协商解决,一般会出现两种结果:一种是经双方协商,对变更劳动合同履行地达成一致意见,劳动者同意到新的工作地点工作,用人单位可与劳动者签订劳动合同变更协议书,从而变更劳动合同履行地。第二种是双方对劳动合同履行地的变更未能达成一致意见,劳动者拒绝到新工作地点工作,用人单位可以依法解除劳动合同。

如前所述,后一种结果出现,用人单位能否以劳动合同有约定为由拒付解除劳动合同经济补偿,或对劳动者未能按时至新地点工作按照旷工处理?

仲裁委员会认为,劳动合同履行地的变更虽可在劳动合同中约定,但实践中必须遵循公平合理原则,即用人单位的用工自主权应在合理范围内使用。本案中,双方虽在劳动合同中约定公司可以根据经营状况变更劳动合同履行地,但新的工作地点在江苏省昆山市,距离较远,且公司未向劳动者提供通勤便利或者给予交通补贴,客观上造成劳动合同已经无法履行。公司可以依据《劳动合同法》第四十条规定单方解除劳动合同,但是需要依法支付相应的经济补偿。公司以双方约定为由拒绝承担解除劳动合同的相关法律义务于法无据。最终,仲裁委员会裁决某汽车零件公司向张某等人支付解除劳动合同的经济补偿。

在类似跨省市搬迁的情形下,即使劳动者拒绝至新地点工作,未在规定期限内报到,用人单位也不能据此认定劳动者行为属于旷工而解除劳动合同，而应当根据《劳动合同法》第四十条"有下列情形之一的，用人单位提前三十日以书面形式通知劳动者本人或者额外支付劳动者一个月工资后，可以解除劳动合同：……（三）劳动合同订立时所依据的客观情况发生重大变化，致使劳动合同无法履行，经用人单位与劳动者协商，未能就变更劳动合同内容达成协议的"及第四十六条之规定依法解除劳动合同并支付解除劳动合同的经济补偿。反之，如果合同履行地虽变更，但变更并不影响劳动合同履行，未对劳动者造成实质性影响，在用人单位已尽告知与提示义务的情况下，劳动者仍以劳动合同变更必须协商一致为由拒绝前往，用人单位则可依据依法制定的规章制度解除劳动合同。可以说，《劳动合同法》第四十条是一把"双刃剑"。争议处理实践中既要防止用人单位以此为由随心所欲解除劳动合同，又要防止劳动者动辄以搬迁为由拒绝履行劳动义务漫天要价，过度维权。该条款是否适用要"以事实为依据、以法律为准绳"，客观、全面地分析情况，从而作出公正的判断。

29. 用人单位能否根据关联单位的规章制度解除劳动合同？

基本案情

2017年9月18日，张某入职某集团公司旗下的子公司丰华公司，岗位为信息维护岗，合同期限为2017年9月18日至2021年9月17日。2019年7月，张某未经公司批准，利用工作之便，在丰华公司官方微博上发布了一组个人旅行照片。随后，丰华公司以张某违反集团公司管理制度、有损集团公司企业形象为由，单方面解除与张某的劳动合同，并上报集团公司，在集团公司内部进行通报批评。张某不服，认为微博内容并不违反法律，也没有违反丰华公司规章制度，更不存在有损公司形象的说法，而且丰华公司解除劳动合同依据的是集团公司的规章制度，并不是丰华公司的规章制度。张某向仲裁委员会提出仲裁申请。

丰华公司向仲裁委员会提交了张某发布的微博内容截图，集团公司相关规章制度征求意见、讨论审议、决议通过和公示的书面材料以及丰华公司关于严格执行集团公司相关管理制度的通知等证据材料，以证明其解除劳动合同行为合法。

申请人请求

丰华公司支付张某违法解除劳动合同赔偿金20 000元。

处理结果

裁决丰华公司支付张某违法解除劳动合同赔偿金20 000元。

案例评析

本案的争议焦点是丰华公司作为用人单位能否根据集团公司的规章制度解除本单位职工的劳动合同。

《劳动法》第四条规定:"用人单位应当依法建立和完善规章制度,保障劳动者享有劳动权利和履行劳动义务。"制定和完善规章制度是用人单位重要的权利及义务。劳动者应当严格遵守用人单位的规章制度,如果劳动者严重违反用人单位规章制度,用人单位可以根据《劳动合同法》第三十九条规定解除劳动合同。但需要注意的是,合法有效的规章制度必须内容合法、程序民主。内容合法是指规章制度的内容应当符合国家的法律政策,不得违背公序良俗。程序民主是指规章制度在制定过程中必须经过职工代表大会或全体职工讨论,提出方案和意见,与工会或职工代表平等协商,经过公示或告知程序。

本案中,丰华公司根据集团公司制定的规章制度解除了本公司职工的劳动合同,该解除行为的合法与否取决于该规章制度能否直接适用于丰华公司的职工。在解除行为是合法还是违法的界定上,案件处理过程中主要有以下两种不同观点。

第一种观点认为,集团公司执行的规章制度适用于子公司,子公司可以引用集团公司的规章制度解除本公司职工的劳动合同。集团公司与子公司之间的关系在各种关联公司之中可以说是最亲密的,两者有着非常充分的利益关联及业务关联,集团公司对子公司从组织架构到公司管理都能够充分掌控。实践中,很多子公司的人事、财务、行政等方面普遍被集团公司代管、指导,子公司的人事、财务制度等也实际沿用上级法人的制度,既体现了集团公司的意志,也节约了管理成本。本案中,丰华公司作为集团公司的子公司,接受集团公司统一管理和安排,也向职工转发了集团公司的相关规章制度,据此可以视为,丰华公司的劳动者认可丰华公司适用集团公司的劳动规章制度。在这种观点下,子公司根据集团公司的规章制度对张某作出解除劳动合同决定并无不妥。

第二种观点认为，集团公司与张某所属的丰华公司为母子公司关系，但是双方根据《公司法》的相关规定仍然是各自独立的企业法人，各自对本公司的职工承担劳动管理义务。因此，丰华公司应当经本公司内部的民主程序制定规章制度。这种"制定"可以有两种途径。第一种途径是丰华公司另起炉灶重新起草、讨论、公示全新的规章制度。第二种途径就是丰华公司合法吸收集团公司的规章制度。集团公司制定的规章制度要适用于下级子公司，必须经过子公司内部民主程序，即要有子公司全体职工或职工代表参与。如果缺少了这一必需的民主程序，则不能视为子公司职工知晓并认可集团公司的规章制度。尽管张某所在丰华公司作为集团公司的子公司，转发了集团公司的相关规章制度，但该规章制度未经过丰华公司内部民主程序，子公司职工的民主权利没有得到充分保障，子公司以自身名义予以转发并不能构成子公司职工对规章制度的认可。因此，集团公司的相应规章制度不能直接适用于丰华公司的职工。子公司根据集团公司的规章制度对张某作出解除劳动合同的决定，不符合《劳动合同法》关于规章制度制定的要件要求，应认定为违法解除劳动合同。最终，仲裁委员会支持了张某的仲裁请求。

当前，现代企业形式不断多样化，与其他企业之间存在直接或者间接控制关系或重大影响关系的企业广泛存在，这些企业之间可能形成"母子公司"或"兄弟公司"。一方面关联企业的整体规模不断扩大，另一方面各个企业内部与企业之间的管理制度也应当不断健全。例如，不论是否为"母子公司""兄弟公司"，每一个公司作为独立法人，其内部规章制度的制定过程要充分体现职工的民主参与权。除非该公司将关联企业制定的规章制度通过本公司的内部民主程序予以合法转化，如经过本公司的职工代表大会或者全体职工讨论，与工会或职工代表平等协商，使职工充分知晓并认可，否则不应直接依据关联企业规章制度进行用工管理。

专题五
工作时间和休息休假

30. 用人单位与劳动者自行约定实行不定时工作制是否有效？

基本案情

2017年11月1日，张某与某物业公司订立3年期劳动合同，约定张某担任安全员，月工资为3 500元，所在岗位实行不定时工作制。某物业公司于2018年4月向当地人力资源社会保障部门就安全员岗位申请不定时工作制，获批期间为2018年5月1日至2019年4月30日。2018年9月30日，张某与某物业公司经协商解除了劳动合同。双方认可2017年11月至2018年4月、2018年5月至2018年9月期间，张某分别在休息日工作15天、10天，某物业公司既未安排调休也未支付休息日加班工资。张某要求某物业公司支付上述期间休息日加班工资，某物业公司以张某实行不定时工作制为由未予支付。2018年10月，张某向仲裁委员会申请仲裁。

申请人请求

裁决某物业公司支付2017年11月至2018年9月的休息日加班工资共计8 046元（3 500元÷21.75天×25天×200%）。

处理结果

仲裁委员会裁决某物业公司支付张某2017年11月至2018年4月的休息日加班工资4 828元（3 500元÷21.75天×15天×200%）。张某不服仲裁裁决起诉，一审法院判决与仲裁裁决一致。张某不服一审判决向上一级人民法院提起上诉，二审判决维持原判。

案例评析

本案的争议焦点是未经审批，某物业公司能否仅凭与张某的约定实行不定时工作制。

《劳动法》第三十九条规定："企业因生产特点不能实行本法第三十六条、第三十八条规定的，经劳动行政部门批准，可以实行其他工作和休息办法。"《关于企业实行不定时工作制和综合计算工时工作制的审批办法》（劳部发〔1994〕503号）第四条规定："企业对符合下列条件之一的职工，可以实行不定时工作制。（一）企业中的高级管理人员、外勤人员、推销人员、部分值班人员和其他因工作无法按标准工作时间衡量的职工……"从上述条款可知，用人单位对劳动者实行不定时工作制，有严格的适用主体和适用程序要求。只有符合国家规定的特殊岗位劳动者，并经过人力资源社会保障部门审批，用人单位才能实行不定时工作制，否则不能实行。

本案中，张某所在的安全员岗位经审批实行不定时工作制的期间为2018年5月1日至2019年4月30日，根据《工资支付暂行规定》第十三条，此期间内某物业公司依法可以不支付张某休息日加班工资。2017年11月至2018年4月期间，某物业公司未经人力资源社会保障部门审批，对张某所在岗位实行不定时工作制，违反相关法律规定。因此，应当认定此期间张某实行标准工时制，某物业公司应当按照《劳动法》第四十四条规定"休息日安排劳动者工作又不能安排补休的，支付不低于工资的百分之二百的工资报酬"支付张某休息日加班工资。

不定时工作制是针对因生产特点、工作特殊需要或职责范围的关系，无法按标准工作时间衡量或需要机动作业的劳动者所采用的一种工时制度。法律规定不定时工作制必须经审批方可实行。一方面，用人单位不能仅凭与劳动者约定就实行不定时工作制，而应当及时报人力资源社会保障部门批准后实行。对实行不定时工作制的劳动者，也应当根据有关规定，采用集中工作、集中休息、轮休调休、弹性工作时间等方式，确保劳动者休息休假权利。另一方面,人力资源社会保障部门应不断完善特殊工时工作制的审批机制,及时满足用人单位经营管理需要。比如,规定批复时效在疫情防控期间到期且无法通过邮寄、网络等方式办理的,经原审批部门同意并备案后,原批复有效期可顺延至疫情防控措施结束。

31. 用人单位能否与劳动者约定综合计算工时工作制？

基本案情

刘某于 2018 年 3 月 26 日入职某乐园管理公司，岗位是维修工，月工资标准为 4 000 元。双方订立期限为 2018 年 3 月 26 日至 2019 年 3 月 25 日的劳动合同。劳动合同载明：某乐园管理公司安排刘某执行综合计算工时工作制，刘某平均每天工作时间不超过 8 小时，平均每周工作时间不超过 40 小时，每周休息日为 1 天。超出的小时数和节假日以月为计算周期进行淡季调休，具体按照员工手册相关规定执行。刘某实际在某乐园管理公司每周上班 6 天，每天工作 8 个小时，每周休息 1 天。刘某在职期间，某乐园管理公司并未安排其调休，也未向刘某支付加班工资。某乐园管理公司未就双方劳动合同中约定的综合计算工时工作制报当地人力资源社会保障部门审批。刘某与某乐园管理公司订立的劳动合同到期后，双方没有续订劳动合同，刘某继续留在某乐园管理公司工作。2019 年 3 月 26 日，某乐园管理公司与刘某终止劳动关系。2019 年 4 月 25 日，刘某向仲裁委员会提出仲裁申请。

申请人请求

某乐园管理公司向刘某支付 2018 年 3 月 26 日至 2019 年 3 月 25 日期间休息日加班工资 23 727 元。

处理结果

裁决某乐园管理公司支付刘某休息日加班工资 23 727 元。

案例评析

本案的争议焦点是在仅有劳动合同约定而没有经行政审批的情况下，刘某执行的综合计算工时工作制是否合法有效。

实践中有两种观点。第一种观点认为，某乐园管理公司与刘某订立的劳动合同及员工手册中均已约定刘某的工作岗位实行的是综合计算工时工作制，结合刘某的岗位性质以及刘某实际中的具体休息日期不固定等情况，应当尊重双方的意思自治，采信双方劳动合同中的约定条款，认定刘某的工作岗位实行综合计算工时工作制。第二种观点认为，劳动法属于社会法。在劳动法领域，民法的私法自治和契约自由原则应当接受公法的约束和限制，在国家法律明确规定执行特殊工时工作制应当经人力资源社会保障部门批准的情况下，当事人的合意并不能绕过法律规定径直就特殊工时进行约定。

仲裁委员会认为，仅有合同约定而未经行政审批的综合计算工时无效，劳动者超出法定标准工时的部分，应当依法计算加班工资。《劳动法》第三十九条规定："企业因生产特点不能实行本法第三十六条、第三十八条规定的，经劳动行政部门批准，可以实行其他工作和休息办法。"原劳动部印发的《关于企业实行不定时工作制和综合计算工时工作制的审批办法》第三条规定："企业因生产特点不能实行《中华人民共和国劳动法》第三十六条、第三十八条规定的，可以实行不定时工作制或综合计算工时工作制等其他工作和休息办法。"第七条规定："中央直属企业实行不定时工作制和综合计算工时工作制等其他工作和休息办法的，经国务院行业主管部门审核，报国务院劳动行政部门批准。地方企业实行不定时工作制和综合计算工时工作制等其他工作和休息办法的审批办法，由各省、自治区、直辖市人民政府劳动行政部门制定，报国务院劳动行政部门备案。"由此可见，用人单位实行综合计算工时工作制的前提是"经劳动行政部门批准"，这就排除了双方在劳动合同中通过合意约定替代行政审批的可能。只有经批准实行综合计算工时工作制的职工，才可以周、月、季、年等为周期综合计算工作时间。反之，如果未经批准，则不能按照特殊工时工作制实施工时管理，应当按照标准工时来认定工作时间和计算加班工资。

因此，关于本案加班工资的计算，就应当严格按照标准工时来审查申请人刘某是否存在加班并计算其加班工资。刘某每周上班6天，每天工作8个小时，按照《劳动法》第四十四条第二项来计算加班工资，即休息日安排劳动者工作又不能安排补休的，支付不低于工资200%的工资报酬。

本案具有一定的典型意义，凸显了民法与社会法的不同理念对于劳动争议仲裁办案思路的影响。尊重合同当事人合意确实是民法契约自由原则的集中体现，但是，劳动法在法域上属于社会法，体现公法与私法的交融。社会法的私法属性，允许当事人就劳动权利和义务作出不逾越法律底线的约定；社会法的公法属性，体现在政府对劳动关系的规制，当事人的合意不能违反劳动法律法规规章的规定，实现完全意义上的意思自治。本案对于特殊工时约定的处理，较好地体现了这一特征。

32. 用人单位未按规章制度履行加班审批手续，能否认定劳动者加班事实？

基本案情

吴某于 2019 年 12 月入职某医药公司，月工资为 18 000 元。某医药公司加班管理制度规定："加班需提交加班申请单，按程序审批。未经审批的，不认定为加班，不支付加班费。"吴某入职后，按照某医药公司安排实际执行每天早 9 时至晚 9 时、每周工作 6 天的工作制度。其按照某医药公司加班管理制度提交了加班申请单，但某医药公司未实际履行审批手续。2020 年 11 月，吴某与某医药公司协商解除劳动合同，要求某医药公司支付加班费，并出具了考勤记录、与部门领导及同事的微信聊天记录、工作会议纪要等。某医药公司虽认可上述证据的真实性但以无公司审批手续为由拒绝支付。吴某向仲裁委员会申请仲裁。

申请人请求

裁决某医药公司支付 2019 年 12 月至 2020 年 11 月加班费 50 000 元。

处理结果

仲裁委员会裁决某医药公司支付吴某 2019 年 12 月至 2020 年 11 月加班费 50 000 元。某医药公司不服仲裁裁决起诉，一审法院判决与仲裁裁决一致。某医药公司未上诉，一审判决已生效。

案例评析

本案的争议焦点是某医药公司能否以无公司审批手续为由拒绝支付吴某加班费。

《劳动法》第四十四条规定,"有下列情形之一的,用人单位应当按照下列标准支付高于劳动者正常工作时间工资的工资报酬:(一)安排劳动者延长工作时间的,支付不低于工资的百分之一百五十的工资报酬;(二)休息日安排劳动者工作又不能安排补休的,支付不低于工资的百分之二百的工资报酬"。《工资支付暂行规定》第十三条规定:"用人单位在劳动者完成劳动定额或规定的工作任务后,根据实际需要安排劳动者在法定标准工作时间以外工作的,应按以下标准支付工资……"从上述条款可知,符合用人单位安排、"法定标准工作时间以外工作"情形的,用人单位应当依法支付劳动者加班费。

本案中,吴某提交的考勤记录、与部门领导及同事的微信聊天记录、工作会议纪要等证据形成了相对完整的证据链,某医药公司亦认可上述证据的真实性。某医药公司未实际履行加班审批手续,并不影响对用人单位安排加班这一事实的认定。故仲裁委员会依法裁决某医药公司支付吴某加班费。

劳动规章制度对用人单位和劳动者都具有约束力。一方面,用人单位应严格按照规章制度的规定实施管理行为,不得滥用优势地位,侵害劳动者合法权益;另一方面,劳动者在合法权益受到侵害时,要注意保留相关证据,为维权提供依据。仲裁委员会、人民法院应准确把握加班事实认定标准,纠正用人单位规避法定责任、侵害劳动者合法权益的行为。

[选自《人力资源社会保障部 最高人民法院关于联合发布第二批劳动人事争议典型案例的通知》(人社部函〔2021〕90号)]

33. 用人单位以规章制度形式否认劳动者加班事实是否有效？

基本案情

常某于2016年4月入职某网络公司。入职之初，某网络公司通过电子邮件告知常某，公司采取指纹打卡考勤。公司员工手册规定："21:00之后起算加班时间；加班需由员工提出申请，部门负责人审批。"常某于2016年5月至2017年1月期间，通过工作系统累计申请加班126小时。某网络公司以公司规章制度中明确21:00之后方起算加班时间，21:00之前的不应计入加班时间为由，拒绝支付常某加班费差额。常某向仲裁委员会申请仲裁，仲裁裁决某网络公司支付其加班费差额。某网络公司不服仲裁裁决，诉至人民法院。

原告诉讼请求

判决不支付常某加班费差额。

裁判结果

一审法院判决：某网络公司支付常某加班费差额32 000元。双方不服，均提起上诉。二审法院判决：驳回上诉，维持原判。

案例评析

本案的争议焦点是某网络公司以规章制度形式否认常某加班事实是否

有效。

《劳动合同法》第四条规定："用人单位应当依法建立和完善劳动规章制度，保障劳动者享有劳动权利、履行劳动义务。用人单位在制定、修改或者决定有关劳动报酬、工作时间、休息休假、劳动安全卫生、保险福利、职工培训、劳动纪律以及劳动定额管理等直接涉及劳动者切身利益的规章制度或者重大事项时，应当经职工代表大会或者全体职工讨论，提出方案和意见，与工会或者职工代表平等协商确定。……用人单位应当将直接涉及劳动者切身利益的规章制度和重大事项决定公示，或者告知劳动者。"通过民主程序制定的规章制度，不违反国家法律、行政法规及政策规定，并已向劳动者公示的，可以作为确定双方权利义务的依据。

本案中，一方面，某网络公司的员工手册规定了加班申请审批制度，该规定并不违反法律规定，且具有合理性，在劳动者明知此规定的情况下，可以作为确定双方权利义务的依据。另一方面，某网络公司的员工手册规定21:00之后起算加班时间，并主张18:00至21:00是员工晚餐和休息时间，故自21:00起算加班。鉴于18:00至21:00时间长达3个小时，远超过合理用餐时间，且在下班3个小时后再加班，不具有合理性。在某网络公司不能举证证实该段时间为员工晚餐和休息时间的情况下，其规章制度中的该项规定不具有合理性，人民法院依法否定了其效力。人民法院结合考勤记录、工作系统记录等证据，确定了常某的加班事实，判决某网络公司支付常某加班费差额。

劳动争议案件的处理，既要保护劳动者的合法权益，亦应促进企业有序发展。合法的规章制度既能规范用人单位用工自主权的行使，又能保障劳动者参与用人单位民主管理，实现构建和谐劳动关系的目的。不合理的规章制度则会导致用人单位的社会声誉差、认同感低，最终引发人才流失，不利于用人单位的长远发展。用人单位制定的合理合法的规章制度，可以作为确定用人单位、劳动者权利义务的依据。一旦用人单位以规章制度形式规避应当承担的用工成本，侵害劳动者的合法权益，仲裁委员会、人民法院应当依法予以审查，充分保护劳动者的合法权益。用人单位应当根据单位实际，制定更为人性化的规章制度，增强劳动者对规章制度的认同感，激发劳动者的工作积极性，从而进一步减少劳动纠纷，为构建和谐劳动关系做出贡献。

［选自《人力资源社会保障部　最高人民法院关于联合发布第二批劳动人事争议典型案例的通知》（人社部函〔2021〕90号）］

34. 受疫情影响延迟复工复产期间，用人单位是否有权单方面安排劳动者休带薪年休假？

基本案情

李某在某餐饮公司担任厨师，月工资为8 000元，2019年开始李某可以享受每年5天带薪年休假，其书面提出要求跨年休假并征得某餐饮公司同意。2020年2月3日，当地市政府要求全市所有非涉及疫情防控企业延迟复工复产至2月17日。某餐饮公司即通知李某延迟复工，并要求李某2月3日至14日期间休完2019年度、2020年度的带薪年休假。李某表示不同意，某餐饮公司要求李某服从安排并支付了李某2月3日至14日期间工资。3月9日，某餐饮公司复工复产后，因李某多次旷工，某餐饮公司与其解除劳动合同。李某提出某餐饮公司未征得本人同意就安排休假不合法，该期间工资应当视为停工停产期间工资，并要求支付2019年度、2020年度未休年休假工资报酬，某餐饮公司拒绝。李某遂向仲裁委员会申请仲裁。

申请人请求

裁决某餐饮公司支付2019年度、2020年度未休带薪年休假工资6 620.69元（8 000元÷21.75天×6天×300%）。

处理结果

裁决驳回李某的仲裁请求。

案例评析

本案的争议焦点是某餐饮公司未经李某同意安排其在延迟复工复产期间休带薪年休假是否合法。

《职工带薪年休假条例》第五条第一款规定："单位根据生产、工作的具体情况，并考虑职工本人意愿，统筹安排职工年休假。"《企业职工带薪年休假实施办法》第九条规定，"用人单位根据生产、工作的具体情况，并考虑职工本人意愿，统筹安排年休假"。人力资源社会保障部等四部门印发的《关于做好新型冠状病毒感染肺炎疫情防控期间稳定劳动关系支持企业复工复产的意见》（人社部发〔2020〕8号，以下简称8号文件）规定，"对不具备远程办公条件的企业，与职工协商优先使用带薪年休假、企业自设福利假等各类假"。从上述条款可知，用人单位有权统筹安排劳动者休带薪年休假，与劳动者协商是用人单位需履行的程序，但并未要求"必须协商一致"。无论劳动者是否同意，用人单位都可以在履行协商程序后统筹安排带薪年休假。

本案中，某餐饮公司在市政府要求延迟复工复产期间，主动与李某沟通后安排李某休带薪年休假符合法律和政策规定，而且李某在2月3日至14日期间已依法享受2019年度、2020年度带薪年休假并获得相应的工资。李某要求某餐饮公司支付2019年度、2020年度未休带薪年休假工资无事实依据，故依法驳回李某的仲裁请求。

8号文件明确引导企业与劳动者优先使用带薪年休假、企业自设福利假等各类假，把新冠肺炎疫情对企业经营和劳动者收入损失的影响降到最低。安排劳动者在延迟复工复产期间优先使用带薪年休假时，企业应当尽量考虑劳动者实际情况，依法履行协商程序，并依法支付带薪年休假工资；劳动者应当准确理解法律和政策规定，积极接受企业的安排。

专题六
劳动报酬

35. 用人单位应依照约定向离职员工支付年终奖

基本案情

2007年3月1日陈某进入某建筑公司担任建筑师。2009年12月，双方订立无固定期限劳动合同，约定每年年底发放当年的年终奖。该劳动合同约定："建筑公司根据员工的工作表现及建筑公司各种因素的综合情况，给予发放年终奖，员工需通过建筑公司的考核，建筑公司有权因员工的表现未达到要求而扣减、取消此项奖金；员工因严重违反劳动纪律而被辞退的，或者未经建筑公司同意而辞职、离职的，不能领取奖金。"

2015年7月，某建筑公司向陈某发放了工资调整通知，陈某的年终奖金额调整为30 000元。2015年11月，某建筑公司与陈某因工作发生矛盾，该公司与陈某协议解除劳动合同，陈某接受了协议解除方案。2015年11月30日，陈某离职并办理了交接手续，但双方未就2015年年终奖的发放事宜进行沟通。2015年12月，陈某未收到年终奖，故与某建筑公司联系，要求某建筑公司支付年终奖。某建筑公司表示陈某不符合发放年终奖条件，不同意支付。陈某遂提起劳动争议仲裁。

申请人请求

某建筑公司支付2015年年终奖30 000元。

处理结果

裁决某建筑公司向陈某支付2015年年终奖27 500元。

案例评析

本案的争议焦点是年终奖的性质以及发放依据。

本案审理时,某建筑公司提出年终奖不是劳动报酬,属于用人单位自主经营管理的范畴,仲裁庭不应受理此案。关于年终奖的性质问题,仲裁实践中一般按照以下三个文件来把握,即《关于贯彻执行〈中华人民共和国劳动法〉若干问题的意见》及国家统计局的《关于工资总额组成的规定》《〈关于工资总额组成的规定〉若干具体范围的解释》。《关于印发〈关于贯彻执行《中华人民共和国劳动法》若干问题的意见〉的通知》规定,"劳动法中的'工资'是指用人单位依据国家有关规定或劳动合同的约定,以货币形式直接支付给本单位劳动者的劳动报酬,一般包括计时工资、计件工资、奖金、津贴和补贴、延长工作时间的工资报酬以及特殊情况下支付的工资等"。《关于工资总额组成的规定》第四条规定:"工资总额由下列6个部分组成:(一)计时工资;(二)计件工资;(三)奖金;(四)津贴和补贴;(五)加班加点工资;(六)特殊情况下支付的工资。"第七条规定:"奖金是指支付给职工的超额劳动报酬和增收节支的劳动报酬。包括:(一)生产奖;(二)节约奖;(三)劳动竞赛奖;(四)机关、事业单位的奖励工资;(五)其他奖金。"《〈关于工资总额组成的规定〉若干具体范围的解释》规定:"生产(业务)奖包括超产奖、质量奖、安全(无事故)奖、考核各项经济指标的综合奖、提前竣工奖、外轮速遣奖、年终奖(劳动分红)等。"根据以上规定,年终奖作为奖金的一类,应属于劳动报酬。因此,本案中某建筑公司关于年终奖不属于劳动报酬、仲裁庭无权处理的主张不合法,仲裁庭对年终奖争议有权受理。

现行的劳动法律法规中尚无用人单位必须向员工发放年终奖和用人单位如何发放年终奖等相关规定。根据年终奖的奖金特性,年终奖的发放一般遵循"有约定,从约定;无约定,从制度"原则。本案中,陈某与某建筑公司就年终奖的发放标准、发放时间、发放条件、不予发放的具体情形等在劳动合同中有明确约定,这种约定体现了双方当事人的合意,且不违反法律强制性规定，双方当事人理应遵照执行。某建筑公司作为员工的考核及管理方，对于陈某的工作表现是否达到劳动合同约定的年终奖发放标准以及其他员工年终奖发放条件等情况均负有举证责任。但在本案中，某建筑公司未向仲裁庭提交相应的证据材料。依照《劳动争议调解仲裁法》第六条的规定，某建筑公司应当承担未举证的不利后果。

此外，双方订立的劳动合同没有明确约定未满年度工作时间不予发放年终奖，只对"员工因严重违反劳动纪律而被辞退的，或者未经建筑公司同意而辞职、离职的，不能领取奖金"作了约定，而陈某的离职是双方协商一致解除劳动关系，不在此限。

综上，仲裁庭裁决某建筑公司依照《劳动合同法》第三十条第一款"用人单位应当按照劳动合同约定和国家规定，向劳动者及时足额支付劳动报酬"规定并根据双方约定的发放标准支付陈某年终奖。但因陈某2015年在某建筑公司工作未满一年，仲裁庭按陈某当年实际工作时间对年终奖进行了折算。

36. 用人单位不主动安排年休假应依法支付未休年休假工资报酬

基本案情

2009年10月19日，刘某到某科技公司从事硬件工程师工作。2010年1月1日，双方订立劳动合同。双方劳动关系存续期间，某科技公司未安排刘某休过带薪年休假，并以刘某从未向某科技公司提出年休假申请为由，拒绝向刘某支付未休年休假工资报酬。2015年10月26日，刘某向某科技公司邮寄解除劳动合同通知书，以某科技公司拖欠未休年休假工资报酬为由，向某科技公司提出解除劳动关系，并要求支付未休年休假工资报酬。某科技公司同意双方解除劳动关系但不同意支付未休年休假工资报酬。刘某遂提起劳动争议仲裁。

申请人请求

支付2013年、2014年未休年休假工资报酬19 000元。

处理结果

裁决某科技公司向刘某支付2013年、2014年未休年休假工资报酬19 000元。

案例评析

本案的争议焦点是休年休假是否必须由劳动者先行提出休假申请以及

因未休年休假支付的 300% 工资是否属于劳动报酬。

本案中，某科技公司认为，刘某从未提出休年休假申请，应视为刘某自己放弃休假，所以公司无须支付其未休年休假工资。《职工带薪年休假条例》第五条第一款规定："单位根据生产、工作的具体情况，并考虑职工本人意愿，统筹安排职工年休假。"《企业职工带薪年休假实施办法》第九条规定："用人单位根据生产、工作的具体情况，并考虑职工本人意愿，统筹安排年休假。用人单位确因工作需要不能安排职工年休假或者跨 1 个年度安排年休假的，应征得职工本人同意。"上述规定包含以下三层含义：一是带薪年休假以用人单位主动安排和劳动者本人申请相结合，以用人单位安排为主，兼顾劳动者意愿，根据需要统筹安排，何时安排、何时批准的主动权由用人单位掌握；二是用人单位不能安排劳动者年休假的，应当事先征得劳动者本人同意，此种同意应为明示同意，不能将劳动者的"未申请"视为同意；三是年度内不能安排劳动者休年休假的，由劳动者本人选择跨年度休年休假还是放弃休假。《企业职工带薪年休假实施办法》第十条第一款还明确规定："用人单位经职工同意不安排年休假或者安排职工年休假天数少于应休年休假天数，应当在本年度内对职工应休未休年休假天数，按照其日工资收入的 300% 支付未休年休假工资报酬，其中包含用人单位支付职工正常工作期间的工资收入。"此条款规定了用人单位在不安排劳动者足额享受年休假情况下应当按照劳动者日工资收入 300% 支付未休年休假工资报酬的义务。因此，本案中的某科技公司以刘某未提出休假申请为由不安排休假并拒绝支付未休年休假工资报酬，不符合有关法律和规章的规定。

本案中，某科技公司还提出，未休年休假支付的工资应是赔偿金性质，不属于劳动报酬，刘某请求支付 2013 年、2014 年未休年休假工资均已超过劳动争议仲裁申请时效，仲裁庭不应处理。对于未休年休假工资的性质问题，仲裁实践中一般参考《职工带薪年休假条例》《企业职工带薪年休假实施办法》等文件的有关规定。《职工带薪年休假条例》第五条第三款规定，"对职工应休未休的年休假天数，单位应当按照该职工日工资收入的 300% 支付年休假工资报酬"。《企业职工带薪年休假实施办法》第十条第一款规定:"用人单位经职工同意不安排年休假或者安排职工年休假天数少于应休年休假天数,应当在本年度内对职工应休未休年休假天数,按照其日工资收入的300%支付未休年休假工资报酬,其中包含用人单位支付职工正常工作期间的工资收入。"因此,仲裁庭认为,未休年休假工资报酬与法定节假日的加班工资类似,即在法定休息期间提供了劳动,且获取的报酬为平时日工资的300%,性质上仍然属于劳动报酬,应适用《劳动争议调解仲裁法》第二十七条第四款"劳动关系存续期间因拖欠劳动报酬发生争议的,劳动者申请仲裁不受本条第一款规定的仲裁时效期间的限制;但是,劳动关系终止的,应当自劳动关系终止之日起一年内提出"的规定,即在劳动关系存续期间,只要有证据证明用人单位未安排劳动者休年休假,且未向劳动者支付未休年休假工资报酬的,此项仲裁请求不受一年仲裁时效的限制。本案中,刘某的未休年休假工资报酬请求应当适用特殊时效规定,仲裁庭应予以处理。

综上,仲裁庭裁决某科技公司向刘某支付2013年、2014年未休年休假工资报酬19 000元。

37. 培训期间工资是否属于专项培训费用？

基本案情

2013年6月1日，张某与某体检公司订立无固定期限劳动合同，到某体检公司工作。2014年7月3日，张某与某体检公司签订培训协议，该公司安排张某到外地参加一年专业技术培训。培训协议约定：由某体检公司支付培训费、差旅费，并按照劳动合同约定正常支付张某培训期间工资；张某培训完成后在某体检公司至少服务5年；若张某未满服务期解除劳动合同，应当按照某体检公司在培训期间所支出的所有费用支付违约金。培训期间，某体检公司实际支付培训费47 000元、差旅费5 600元，同时支付张某工资33 000元。培训结束后，张某于2015年7月3日回某体检公司上班。2018年3月1日，张某向某体检公司递交书面通知，提出于2018年4月2日解除劳动合同。某体检公司要求张某支付违约金85 600元（47 000元+5 600元+33 000元），否则拒绝出具解除劳动合同的证明。为顺利入职新用人单位，张某支付了违约金，但认为违约金数额违法，遂向仲裁委员会申请仲裁。

申请人请求

某体检公司返还违法收取的违约金85 600元。

处理结果

裁决某体检公司返还张某61 930元（85 600元 –23 670元）。

案例评析

本案的争议焦点是某体检公司支付给张某培训期间的工资是否属于专项培训费用。

《劳动合同法》第二十二条规定："用人单位为劳动者提供专项培训费用，对其进行专业技术培训的，可以与该劳动者订立协议，约定服务期。劳动者违反服务期约定的，应当按照约定向用人单位支付违约金。违约金的数额不得超过用人单位提供的培训费用。用人单位要求劳动者支付的违约金不得超过服务期尚未履行部分所应分摊的培训费用。"《劳动合同法实施条例》第十六条规定："劳动合同法第二十二条第二款规定的培训费用，包括用人单位为了对劳动者进行专业技术培训而支付的有凭证的培训费用、培训期间的差旅费用以及因培训产生的用于该劳动者的其他直接费用。"《劳动法》第五十条规定："工资应当以货币形式按月支付给劳动者本人。不得克扣或者无故拖欠劳动者的工资。"《关于贯彻执行〈中华人民共和国劳动法〉若干问题的意见》规定，"劳动法中的'工资'是指用人单位依据国家有关规定或劳动合同的约定，以货币形式直接支付给本单位劳动者的劳动报酬"。从上述条款可知，专项培训费用与工资存在明显区别：①从性质看，专项培训费用是用于培训的直接费用，工资是劳动合同履行期间用人单位支付给劳动者的劳动报酬；②从产生依据看，专项培训费用因用人单位安排劳动者参加培训产生，工资则依据国家有关规定或劳动合同约定产生；③从给付对象看，专项培训费用由用人单位支付给培训服务单位等，工资由用人单位支付给劳动者本人。

本案中，张某脱产参加培训是在劳动合同履行期间，由某体检公司安排，目的是提升其个人技能，使其能够创造更大的经营效益，张某参加培训的行为，应当视为履行对某体检公司的劳动义务。综合前述法律规定，某体检公司支付给张某培训期间的 33 000 元工资不属于专项培训费用。仲裁委员会结合案情依法计算得出：培训期间某体检公司支付的专项培训费用为 52 600 元（47 000 元 +5 600 元）；培训协议约定张某培训结束后的服务期为 5 年（即 60 个月），张某已实际服务 33 个月，服务期尚未履行部分为 27 个月。因此，张某依法应当支付的违约金为 23 670 元（52 600 元 ÷ 60 个月 × 27 个月），某体检公司应当返还张某 61 930 元（85 600 元 – 23 670 元）。

《中共中央 国务院关于构建和谐劳动关系的意见》提出，要统筹处理好促进企业发展和维护职工权益的关系。用人单位可以与劳动者约定专业技术培训服务期，保障用人单位对劳动者技能培训投入的相应收益，这既有利于劳动者人力资源的开发，也有利于用人单位提升市场竞争力，对增强劳动关系的稳定性具有积极意义。实践中，用人单位在与劳动者订立服务期协议时，应当注意依法对服务期限、违约金等事项进行明确约定。特别要注意的是，协议约定的违约金不得超过用人单位提供的专项培训费用、实际要求劳动者支付的违约金数额不得超过服务期尚未履行部分所应分摊的培训费用等问题。劳动者参加了用人单位提供的专业技术培训，并签订服务期协议的，应当尊重并依法履行该约定，一旦违反，应当依法承担违约责任。

38. 劳动者与用人单位订立放弃加班费协议，能否主张加班费？

基本案情

张某于 2020 年 6 月入职某科技公司，月工资 20 000 元。某科技公司在与张某订立劳动合同时，要求其订立一份协议作为合同附件，协议内容包括"我自愿申请加入公司奋斗者计划，放弃加班费"。半年后，张某因个人原因提出解除劳动合同，并要求支付加班费。某科技公司认可张某加班事实，但以其自愿订立放弃加班费协议为由拒绝支付。张某向仲裁委员会申请仲裁。

申请人请求

裁决某科技公司支付 2020 年 6 月至 12 月加班费 24 000 元。

处理结果

裁决某科技公司支付张某 2020 年 6 月至 12 月加班费 24 000 元。

案例评析

本案的争议焦点是张某订立放弃加班费协议后，还能否主张加班费。

《劳动合同法》第二十六条规定，"下列劳动合同无效或者部分无效：……（二）用人单位免除自己的法定责任、排除劳动者权利的"。《最高人民法院关于审理劳动争议案件适用法律问题的解释（一）》第三十五条规定:"劳动者与用人单位就解除或者终止劳动合同办理相关手续、支付工资报酬、加班费、经济补偿或者赔偿金等达成的协议,不违反法律、行政法规的强制性规定,且不存在欺诈、胁迫或者乘人之危情形的,应当认定有效。前款协议存在重大误解或者显失公平情形,当事人请求撤销的,人民法院应予支持。"加班费是劳动者延长工作时间的工资报酬,《劳动法》第四十四条、《劳动合同法》第三十一条明确规定了用人单位支付劳动者加班费的责任。约定放弃加班费的协议免除了用人单位的法定责任、排除了劳动者权利,显失公平,应认定无效。

本案中,某科技公司利用在订立劳动合同时的主导地位,要求张某在其单方制定的格式条款上签字放弃加班费,既违反法律规定,也违背公平原则,侵害了张某工资报酬权益。故仲裁委员会依法裁决某科技公司支付张某加班费。

崇尚奋斗无可厚非,但不能成为用人单位规避法定责任的挡箭牌。谋求企业发展、塑造企业文化都必须守住不违反法律规定、不侵害劳动者合法权益的底线,应在坚持按劳分配原则的基础上,通过科学合理的措施激发劳动者的主观能动性和创造性,统筹促进企业发展与维护劳动者权益。

[选自《人力资源社会保障部　最高人民法院关于联合发布第二批劳动人事争议典型案例的通知》(人社部函〔2021〕90号)]

39. 劳动者在离职文件上签字确认加班费已结清，是否有权请求支付欠付的加班费？

基本案情

2017年7月，肖某与某科技公司（已依法取得劳务派遣行政许可）订立劳动合同，被派遣至某快递公司担任配送员，月工资为基本工资加提成。肖某主张某快递公司在用工期间安排其双休日及法定节假日加班，并提交了工资表。工资表加盖有某科技公司公章，某科技公司和某快递公司均认可其真实性。该工资表显示，2017年7月至2019年10月期间肖某存在不同程度的双休日加班及法定节假日加班，但仅获得少则46.15元、多则115.40元的出勤补款或节假日补助。2019年11月，肖某向某科技公司提出离职，当日双方签署离职申请交接表。该表"员工离职原因"一栏显示："公司未办理社会保险，工作压力大、没给加班费。""员工确认"一栏显示："经说明，我已知悉《劳动合同法》上的权利和义务，现单位已经将我的工资、加班费、经济补偿结清，我与单位无其他任何争议。本人承诺不再以任何理由向某科技公司及用工单位主张权利。"员工签名处有肖某本人签名。肖某对离职申请交接表的真实性认可，但认为表中"员工确认"一栏虽系其本人签字，但并非其真实意思，若不签字，某科技公司就不让其办理工作交接，该栏内容系某科技公司逃避法律责任的一种方法。肖某不服仲裁裁决，诉至人民法院。

原告诉讼请求

判决某科技公司与某快递公司支付加班费82 261元。

处理结果

一审法院判决：驳回肖某加班费的诉讼请求。肖某不服，提起上诉。二审法院改判：某科技公司与某快递公司连带支付肖某加班费24 404.89元。

案例评析

本案的争议焦点是肖某是否与用人单位就支付加班费达成合法有效的协议。

《最高人民法院关于审理劳动争议案件适用法律问题的解释（一）》第三十五条规定："劳动者与用人单位就解除或者终止劳动合同办理相关手续、支付工资报酬、加班费、经济补偿或者赔偿金等达成的协议，不违反法律、行政法规的强制性规定，且不存在欺诈、胁迫或者乘人之危情形的，应当认定有效。"司法实践中，既应尊重和保障双方基于真实自愿合法原则签订的终止或解除劳动合同的协议，也应对劳动者明确持有异议的、涉及劳动者基本权益保护的协议真实性予以审查，依法保护劳动者的合法权益。

本案中，肖某认为离职申请交接表"员工确认"一栏不是其真实意思表示，上面记载的内容也与事实不符。该表中"员工离职原因"与"员工确认"两处表述确实存在矛盾。两家公司均未提供与肖某就加班费等款项达成的协议及已向肖某支付上述款项的证据，且肖某否认双方就上述款项已达成一致并已给付。因此，离职申请交接表中员工确认的"现单位已将我的工资、加班费、经济补偿结清，我与单位无其他任何争议"与事实不符，不能认定为肖某的真实意思表示。本案情形并不符合《最高人民法院关于审理劳动争议案件适用法律问题的解释（一）》第三十五条之规定，故二审法院依法支持肖某关于加班费的诉讼请求。

实践中，有的用人单位在终止或解除劳动合同时，会与劳动者就加班费、经济补偿或赔偿金等达成协议。部分用人单位利用其在后续工资发放、离职证明开具、档案和社会保险关系转移等方面的优势地位，借机变相迫使劳动者在用人单位提供的格式文本上签字，放弃包括加班费在内的权利，或者在未足额支付加班费的情况下让劳动者签字确认加班费已经付清的事实。劳动者往往事后反悔，提起劳动争议仲裁与诉讼。本案中，人民法院最终依法支持劳动者关于加班费的诉讼请求，既维护了劳动者的合法权益，对用人单位日后诚信协商、依法保护劳动者劳动报酬权亦有良好引导作用，有助于构建和谐稳定的劳动关系。劳动者在签署相关协议时，亦应熟悉相关条款含义，审慎签订协议，通过合法途径维护自身权益。

［选自《人力资源社会保障部　最高人民法院关于联合发布第二批劳动人事争议典型案例的通知》（人社部函〔2021〕90号）］

40. 用人单位与劳动者约定实行包薪制，是否需要依法支付加班费？

基本案情

周某于 2020 年 7 月入职某汽车服务公司，双方订立的劳动合同约定月工资为 4 000 元（含加班费）。2021 年 2 月，周某因个人原因提出解除劳动合同，并认为即使按照当地最低工资标准认定其法定标准工作时间工资，某汽车服务公司亦未足额支付加班费，要求支付差额。某汽车服务公司认可周某加班事实，但以劳动合同中约定的月工资中已含加班费为由拒绝支付。周某向仲裁委员会申请仲裁。

申请人请求

裁决某汽车服务公司支付加班费差额 17 000 元。

处理结果

仲裁委员会裁决某汽车服务公司支付周某加班费差额 17 000 元（裁决为终局裁决），并就有关问题向某汽车服务公司发出仲裁建议书。

案例评析

本案的争议焦点是某汽车服务公司与周某约定实行包薪制，是否还需要依法支付周某加班费差额。

《劳动法》第四十七条规定："用人单位根据本单位的生产经营特点和

经济效益，依法自主确定本单位的工资分配方式和工资水平。"第四十八条规定，"国家实行最低工资保障制度"。《最低工资规定》第三条规定："本规定所称最低工资标准，是指劳动者在法定工作时间或依法签订的劳动合同约定的工作时间内提供了正常劳动的前提下，用人单位依法应支付的最低劳动报酬。"从上述条款可知，用人单位可以依法自主确定本单位的工资分配方式和工资水平，并与劳动者进行相应约定，但不得违反法律关于最低工资保障、加班费支付标准的规定。

本案中，根据周某实际工作时间折算，即使按照当地最低工资标准认定周某法定标准工作时间工资，并以此为基数核算加班费，也超出了4 000元的约定工资，表明某汽车服务公司未依法足额支付周某加班费。故仲裁委员会依法裁决某汽车服务公司支付周某加班费差额。

包薪制是指在劳动合同中打包约定法定标准工作时间工资和加班费的一种工资分配方式，在部分加班安排较多且时间相对固定的行业中比较普遍。虽然用人单位有依法制定内部薪酬分配制度的自主权，但内部薪酬分配制度的制定和执行须符合相关法律的规定。实践中，部分用人单位存在以实行包薪制规避或者减少承担支付加班费法定责任的情况。实行包薪制的用人单位应严格按照不低于最低工资标准支付劳动者法定标准工作时间的工资，同时按照国家关于加班费的有关法律规定足额支付加班费。

[选自《人力资源社会保障部 最高人民法院关于联合发布第二批劳动人事争议典型案例的通知》（人社部函〔2021〕90号）]

41. 绩效工资是否计入加班工资的计算基数？

基本案情

冯某于 2017 年 2 月 5 日进入某冲压件公司工作，担任冲压课组长一职。双方订立一份期限为 2017 年 2 月 5 日至 2019 年 2 月 4 日的劳动合同，合同约定基本工资按照最低工资标准执行、其余工资按照某冲压件公司薪酬制度执行。2017 年 2 月至 2018 年 1 月，冯某每月工资单记载工资构成为基本工资和绩效工资（每月固定 1 200 元）。工作中，某冲压件公司一直以基本工资为计算基数向冯某支付休息日加班工资，冯某认为加班工资计算基数应以每月实际支付工资为准，某冲压件公司存在少发加班工资行为。2018 年 1 月 31 日，冯某以未足额支付加班工资为由，通知某冲压件公司解除劳动合同。冯某向仲裁委员会提出仲裁申请，某冲压件公司主张绩效工资取决于劳动者的工作表现和效率，具有不固定性，属于特殊情况下支付的工资，不应计入加班工资计算基数。经查明，某冲压件公司未实行绩效考核，绩效工资每月按照固定数额发放。

申请人请求

某冲压件公司支付冯某 2017 年 2 月至 2018 年 1 月期间休息日加班工资差额 13 764.39 元。

处理结果

裁决某冲压件公司以"基本工资＋绩效工资"为计算基数向冯某支付休息日加班工资差额 8 322 元。

案例评析

本案的争议焦点是冯某的加班工资计算基数应如何确定。

《劳动法》规定用人单位在休息日安排劳动者工作又不能安排补休的，应当按照不低于工资的200%的工资报酬支付休息日加班工资，但是该法对于加班工资的计算基数未明确规定。《工资支付暂行规定》第十三条规定，"用人单位在劳动者完成劳动定额或规定的工作任务后，根据实际需要安排劳动者在法定标准工作时间以外工作的，应按以下标准支付工资……（二）用人单位依法安排劳动者在休息日工作，而又不能安排补休的，按照不低于劳动合同规定的劳动者本人日或小时工资标准的200%支付劳动者工资"。《对〈工资支付暂行规定〉有关问题的补充规定》（劳部发〔1995〕226号）规定："《规定》第十一条、第十二条、第十三条所称'按劳动合同规定的标准'，系指劳动合同规定的劳动者本人所在的岗位（职位）相对应的工资标准。"同时规定，"《规定》第十三条第（一）、（二）、（三）款规定的在符合法定标准工作时间的制度工时以外延长工作时间及安排休息日和法定休假节日工作应支付的工资，是根据加班加点的多少，以劳动合同确定的正常工作时间工资标准的一定倍数所支付的劳动报酬"。根据上述法律规章规定可知，加班工资计算基数是劳动合同规定的劳动者本人小时或日工资标准。

本案中，冯某与某冲压件公司之间的劳动合同只约定基本工资按照最低工资标准执行、其余工资按照某冲压件公司薪酬制度执行，这种约定属于典型的未明确约定劳动者正常工作时间工资数额。此外，据仲裁委员会了解，某冲压件公司也没有与公司工会订立过集体合同。但是，冯某的工资单记载的工资构成为基本工资和绩效工资（每月固定1 200元），且实际中绩效工资每月按照固定数额发放，某冲压件公司也未实行过绩效考核，所以仲裁委员会认为该绩效奖金具备《对〈工资支付暂行规定〉有关问题的补充规定》规定的"劳动者正常工作时间工资报酬"性质，只是该工资报酬并非劳动合同约定而是工作实践中执行，属于冯某实际发放工资的固定组成部分。最终，仲裁委员会认为劳动合同、集体合同约定的劳动者正常工作时间工资标准不明，只能以实际发放工资（含绩效奖金）作为冯某的加班工资计算基数。

用人单位安排劳动者休息日加班又不能安排补休，则意味着劳动者放弃了一定的休息时间，所以在正常工作时间以外提供劳动应当得到合理的补偿。目前，劳动合同对劳动者正常工作时间工资数额未约定或约定不明的情况时有发生，导致实践中用人单位与劳动者对劳动者加班工资的计算基数在理解上尚存在不一致；对于劳动合同未约定正常劳动所得工资，当事人也未约定加班工资计算基数的情况，各地仲裁实务中具体把握尺度也不尽相同。例如，有的仲裁员认为在劳动合同没有明确约定法定工作时间内劳动者提供正常劳动应得的工资数额时，应当以实际发放的工资作为计算基数，即用人单位按月直接支付给职工的工资、奖金、津贴、补贴等。有的仲裁员认为加班工资计算基数应当按照劳动者应得工资确定，劳动者应得工资难以确定的，以劳动者主张权利或者劳动关系解除、终止前12个月的平均工资（含奖金）作为计算基数。本书认为，用人单位安排劳动者休息日加班又不能安排补休，则意味着劳动者放弃了一定的休息时间，在正常工作时间以外提供劳动，加班工资是对劳动者丧失休息时间的一种补偿，加班工资的计算基数应当参照劳动者的工资标准确定。其中：①按照劳动者的劳动合同约定的工资标准确定加班工资计算基数；②劳动者的实际工资标准高于劳动合同约定的，应参照实际工资标准确定加班工资计算基数；③劳动合同未明确约定劳动者工资标准但集体合同有相应约定的，应参照集体合同相应岗位工资标准确定加班工资计算基数；④劳动合同、集体合同均未约定的，应当按照劳动者本人正常劳动应得的工资确定。不论各家观点如何，仲裁实践中应当秉承保护劳动者休息权及获得合理劳动报酬的基本理念，在法律法规框架内结合实际确定加班工资计算基数，依法保护劳动者合法权益。

42. 未休"年资特别假"能否比照未休年休假工资报酬获得补偿？

基本案情

刘某系某地产公司总经理助理，基本工资为每月税前13 050元。2018年6月1日，刘某已在某地产公司工作满3年。某地产公司在员工手册"休假制度"一章规定："为鼓励员工长期任职于本公司，特设立'年资特别假'。所有正式员工服务满一年，得享有年资假2天，以后每满一年增加一天，以此类推，年资假于一年之内使用，逾期视同放弃。"刘某在某地产公司工作期间，由于工作繁忙，无暇顾及休假，没有申请过休"年资特别假"。2019年8月，刘某因个人原因提出离职请求，某地产公司同意刘某离职，但双方对于未支付"年资特别假"补偿存在分歧。2019年9月，刘某向仲裁委员会提出仲裁申请。

申请人请求

某地产公司支付刘某2015年至2019年未休"年资特别假"工资12 000元。

处理结果

裁决驳回刘某的仲裁请求。

案例评析

本案的争议焦点是刘某要求某地产公司按照法定年休假标准支付其未

休"年资特别假"工资补偿能否成立。

因未休年休假引发的带薪年休假工资报酬争议在实务中具有一定的普遍性,争议较大。而用人单位在法定的带薪年休假之外自行规定的"年资特别假",如果应休未休,能否享受和带薪年休假类似的300%补偿,实践中也存在不同的观点。

1. 何为带薪年休假工资?

《职工带薪年休假条例》第五条第三款规定,"对职工应休未休的年休假天数,单位应当按照该职工日工资收入的300%支付年休假工资报酬"。带薪年休假作为劳动法上的一个重要的休息休假劳动基准,对其衍生出来的未休年休假工资报酬性质的认定,应当符合劳动法的立法宗旨,体现保护劳动者合法权益的基本立场。带薪年休假属于国家法律和行政法规规定的休假日,劳动者在本应休假的时间向用人单位提供劳动,处于正常工作状态,本质上属于法定休假日上班。《劳动法》第四十四条明确规定,法定休假日安排劳动者工作的,支付不低于工资300%的工资报酬。而《职工带薪年休假条例》第五条的规定也完全对接了《劳动法》。因此,未休年休假工资报酬,应当定性为劳动报酬,而不能理解为"福利待遇"甚至"经济补偿"。

2. 刘某要求用人单位按照法定年休假标准支付未休"年资特别假"工资补偿能否成立?

本案中的"年资特别假"是用人单位为吸引劳动者长期稳定就业,提高用人单位生产经营效率,培养劳动者对用人单位忠诚度而自行规定的福利假期。对于用人单位确因工作需要不能安排职工休"年资特别假"的,是否应当参照该职工日工资收入的300%支付年休假工资报酬的标准来支付呢?对此需要进行具体分析,可以从两个层面来理解。一是清晰界定"年资特别假"的性质。显然,作为用人单位内部自行规定的福利假期,其作用在于"鼓励员工长期任职于本公司",不属于法定的年休假范畴,系用人单位制度上的"福利",这意味着劳动者除了可以休法律规定天数的年休假,还可以根据公司制度休"年资特别假",两者不具备可替代性。二是劳动者未休用人单位的"年资特别假"能否获得补偿,取决于用人单位制度规定。本案中，某地产公司在员工手册中明确规定"年资假于一年之内使用，逾期视同放弃"，该规定并不违反法律强制性规定，且公司的制度中并没有未休"年资特别假"能够获得工资性补偿的相关规定。因此，刘某主张未休"年资特别假"的补偿缺乏制度和法律依据，不能支持。

带薪年休假制度，作为劳动法确定的一项休息休假劳动基准，是切实保障劳动者休息休假权的重要制度安排。因此，对于应休未休的带薪年休假工资报酬性质的认定，应当体现《劳动法》"保护劳动者合法权益"的根本立法宗旨，体现对法定劳动基准的维护。当然，在法定劳动基准之上，法律也允许用人单位就休息休假作出更多有利于劳动者的制度安排，本案中的"年资特别假"就属于用人单位在劳动基准之上规定福利性休息休假。没有休"年资特别假"能否获得工资性补偿，与法定的劳动基准并无直接关联，取决于用人单位依法制定的规章制度的规定。

43. 如何理解"一个工资支付周期"，准确发放未及时返岗劳动者工资待遇？

基本案情

丁某就职于某机械公司，劳动合同约定其月工资为6 000元；某机械公司于每月15日发放上月10日至本月9日的工资。2020年春节前，丁某返回外省家乡过节。春节延长假期间，某机械公司所属地区人民政府发布通知，延迟复工时间至2月9日。2月底，某机械公司复工复产，而丁某未能返岗或远程办公。某机械公司线上发布通知，告知未返岗职工保留职位，将参照国家有关停工停产规定发放工资。丁某回复："收到，谢谢公司理解。"机械公司正常发放了丁某1月10日至2月9日工资。但3月15日，丁某仅收到2月工资1 540元。人事经理解释，因公司停工，2月9日停工后的第一个工资支付周期已经结束，根据国家及所属省有关规定，自2月10日起对未返岗职工发放生活费。丁某以公司未及时足额支付工资为由提出了解除劳动关系，并向仲裁委员会申请仲裁。

申请人请求

裁决某机械公司支付2月10日至3月9日的工资差额4 460元和解除劳动合同的经济补偿6 000元。

处理结果

经调解，某机械公司当庭支付丁某2020年2月10日至3月9日的工资待遇差额 3 227.8 元。丁某撤回仲裁申请。

案例评析

本案的争议焦点是如何理解"一个工资支付周期"。

《工资支付暂行规定》第十二条及《人力资源社会保障部办公厅关于妥善处理新型冠状病毒感染的肺炎疫情防控期间劳动关系问题的通知》（人社厅明电〔2020〕5号）均涉及"一个工资支付周期"，该周期的性质应属缓冲期，主要目的是体现风险共担和疫情期间对劳动者基本权益的保护，只有理解为一个时间长度，才符合相关规定的内涵。如果将"超过一个工资支付周期"理解为"跨越当前支付周期截止时间点"，则易引发用人单位停工时间相同，却仅因工资支付周期起算时间不同，而承担不同工资支付责任的问题。

本案中，某机械公司实行按月支付工资的制度，工资支付周期为一个月。某机械公司因疫情原因未复工，停工停产期间从2020年春节延长假期结束的次日（2月3日）起计算，2月底某机械公司复工后丁某未返岗，经双方协商，丁某未返岗期间工资待遇参照停工停产标准支付，未返岗期间与某机械公司停工期间应连续计算。因此，2020年2月3日至3月2日为丁某未返岗的第一个工资支付周期，2020年3月3日至3月9日则超过一个工资支付周期。故对于丁某2月10日至3月9日期间的工资待遇，应采取分段核算的方法，扣减某机械公司已支付金额后，某机械公司应支付工资待遇差额 3 227.8 元（6 000 元 ÷ 21.75 天 × 16 天 + 1 540 元 ÷ 21.75 天 × 5 天 − 1 540 元）。经向双方释明"一个工资支付周期"的内涵，某机械公司当庭支付丁某 3 227.8 元工资待遇差额，双方协商同意丁某回公司继续工作，丁某也撤回了仲裁申请。

新冠肺炎疫情期间，企业出现停工停产，劳动者也存在不能及时返岗的困难。准确理解和适用"一个工资支付周期"，有利于疫情期间工资待遇支付标准的贯彻执行，在保障劳动者疫情期间基本权益的同时，也有利于促使企业承担起必要的社会责任，实现劳动关系双方共担风险、共渡难关。需要注意的是，有关部门应始终坚持协商和调解优先的柔性争议处理思路，发挥其当事人主导、社会成本低、程序效率高的优势，力争争议处理的最佳社会效果和法律效果。

44. 受新冠肺炎疫情影响用人单位部分停工停产的，能否按照停工停产规定支付工资待遇？

基本案情

张某为某汽车公司客户俱乐部员工，该公司业务涉及汽车零部件生产、汽车组装和车辆销售等工作。双方订立的劳动合同约定张某月工资为8 000元，某汽车公司每月10日发放上月4日至本月3日工资。2月3日以后，某汽车公司零部件生产、汽车组装、车辆销售部门陆续复工，但因新冠肺炎疫情防控要求客户俱乐部暂时无法对外开放，导致客户俱乐部未能同步复工复产，张某所在客户俱乐部中的10余名劳动者均处于停工状态。3月10日某汽车公司按照劳动合同约定支付了张某2月工资，4月10日按照生活费标准支付了张某3月工资待遇。张某认为某汽车公司恶意以停工为由降低其工资待遇，遂向仲裁委员会申请仲裁。

申请人请求

裁决某汽车公司支付3月4日至4月3日工资差额6 460元。

处理结果

裁决驳回张某的仲裁请求。

案例评析

本案的争议焦点是受新冠肺炎疫情影响，某汽车公司部分停工停产，能否按照停工停产规定支付张某工资待遇。

《人力资源社会保障部办公厅关于妥善处理新型冠状病毒感染的肺炎疫情防控期间劳动关系问题的通知》（以下简称《通知》）规定："企业停工停产在一个工资支付周期内的，企业应按劳动合同规定的标准支付职工工资。超过一个工资支付周期的，若职工提供了正常劳动，企业支付给职工的工资不得低于当地最低工资标准。职工没有提供正常劳动的，企业应当发放生活费，生活费标准按各省、自治区、直辖市规定的办法执行。"上述政策的制定参照了《工资支付暂行规定》第十二条，即"非因劳动者原因造成单位停工、停产在一个工资支付周期内的，用人单位应按劳动合同规定的标准支付劳动者工资。超过一个工资支付周期的，若劳动者提供了正常劳动，则支付给劳动者的劳动报酬不得低于当地的最低工资标准；若劳动者没有提供正常劳动，应按国家有关规定办理。"可见，上述规定只对用人单位停工停产期间劳动者能够提供正常劳动和无法提供正常劳动分别予以明确，但并未将适用条件限于用人单位的全部停工停产。本案中，尽管某汽车公司的零部件制造等部门均已复工，但因各部门工作具有相对独立性，其所依赖的复工条件并不相同，张某认为某汽车公司恶意以客户俱乐部停工为由降低其工资待遇，事实依据不足。

经查，某汽车公司部分停工的安排并非针对张某一人，而是无差别地适用于客户俱乐部的 10 余名劳动者。因此，仲裁委员会对张某关于某汽车公司安排部分停工存在主观恶意的主张不予采信，该公司安排张某所在部门停工，并适用《通知》规定支付张某工资待遇，并无不当，故依法驳回张某的仲裁请求。

新冠肺炎疫情影响了用人单位生产经营和劳动者正常劳动。在这种情况下，用人单位通过短期停工停产发放生活费的方式，较因客观情况与劳动者解除劳动合同并支付补偿的处理方式，既降低了成本，维护了劳动关系稳定，又为下一步复工复产提供了人力资源保障，因此，是一种择优选择；从劳动者角度来看，虽然在一定时期内收入下降，但减轻了用人单位压力，让其能够渡过难关，从而稳定了自身的就业岗位，双方各得其利。这种利益的平衡和兼顾，正是疫情影响下构建和谐劳动关系的内在要求，也是仲裁和司法实务中，维护停工停产劳动者合法权益，尊重和保障用人单位用工自主权的依据。

45. 用人单位能否以未提前 30 日以书面形式通知解除劳动合同为由对劳动者扣发工资？

基本案情

2018 年 1 月，刘某通过某贸易公司的招聘成为该公司的销售员，双方订立了 2 年期劳动合同。合同约定：刘某的月工资为 4 000 元，试用期为 2 个月，试用期内，如果刘某提出辞职，需提前 3 日递交书面辞职申请书，经公司人事部门批准后，方可办理离职手续；试用期满后，如果刘某提出辞职，需提前 30 日提交书面辞职申请书，经公司人事部门批准后方可离职，如果未履行提前通知义务，刘某需向该公司缴纳 1 个月的工资。

2018 年 12 月 20 日，刘某找到新工作，12 月 25 日向某贸易公司递交了书面辞职申请书，并希望尽快办理离职手续。某贸易公司人事部门则告诉刘某："因为双方订立的劳动合同有明确约定，所以离职手续最早也只能在 2019 年 1 月 20 日办理。你若在 2019 年 1 月 20 日前离职，公司将按照合同约定扣除你最后一个月工资。"刘某递交辞职申请书后，便再未到某贸易公司上班。某贸易公司扣发刘某 2018 年 12 月工资 2 800 元。刘某向仲裁委员会提出仲裁申请。

申请人请求

某贸易公司支付刘某 2018 年 12 月工资 4 000 元。

处理结果

裁决某贸易公司支付刘某 2018 年 12 月 1 日至 20 日的工资 2 800 元。

案例评析

本案的争议焦点是某贸易公司可否按照合同约定扣除刘某一个月工资。

劳动者提前通知解除,是指劳动者经预先通知用人单位解除劳动合同后即可单方解除劳动关系的法律行为。《劳动法》第三十一条规定,劳动者解除劳动合同应当提前30日以书面形式通知用人单位,是我国劳动立法中首创的劳动者提前通知解除制度。《劳动合同法》第三十七条又加以程序性补充。基于保障辞职自由和规范辞职行为的需要,劳动者提前通知解除仍有一定行为规则:①预告期。为给用人单位替换在岗劳动者以明确预期和准备时间,劳动者提前通知解除须采用书面形式并遵守法定预告期。鉴于试用期间劳动关系存续的不确定性大于劳动合同期间,《劳动合同法》规定劳动者辞职的一般预告期为30日,试用期内辞职预告期为3日。②预告的生效。劳动者提前通知解除是预告期届满后才可生效的法律行为。在预告期内劳动合同应当继续履行,除非用人单位免除劳动者工作满预告期的义务(如提前办理工作移交手续);预告期届满并办理辞职手续或停止工作的才解除劳动关系,但因疫情防控等紧急状态导致辞职手续无法办理的,不影响辞职预告的效力;预告期届满后劳动者继续在用人单位工作,且用人单位未表示异议的,可视为双方按原劳动合同继续履行。③撤销预告的限制。劳动者提前通知解除权利也是形成权的一种,即可撤回,一般不可撤销。预告期届满前尽管还没有发生预期法律后果,但用人单位往往已作出替换在岗劳动者的准备,故对劳动者撤销辞职行为应当限定条件,即已办理工作交接手续或已作出难以撤销的在岗劳动者替换准备的,不得撤销辞职预告,除非用人单位同意。④劳动者提前通知解除与预告辞退禁止性条件交叉的特殊处理。辞职的预告期届满前劳动者若发生患病、工伤、怀孕或生育等情形而要求继续履行劳动合同的,由于这些情形是预告辞退的禁止性条件而未被规定为劳动者提前通知解除的阻却事由,故这仍属于撤销辞职预告的行为。应当注意到,由于在这些情形下劳动者的权益需要特殊保护，不宜作为一般性撤销辞职预告对待，裁审机构可以依法及具体情况作出特别处理。

从以上论述可以看出，劳动者提前通知解除是劳动者享有的法定权利，完全基于劳动者的单方意思表示，不受用人单位制约也无须征得用人单位的同意。而且劳动者行使劳动者提前通知解除权利除以预告为程序性条件外，不附加实体性条件，当然用人单位可不支付经济补偿。具体来说，《劳动合同法》第三十七条"劳动者提前三十日以书面形式通知用人单位，可以解除劳动合同"之规定仅对劳动者在劳动合同期内解除劳动合同作出了两方面的规定：一是时间限制，即劳动者要求解除劳动合同，应当提前30日通知用人单位；二是形式限制，即劳动者应当采取书面形式告知用人单位解除劳动合同。因此，除法定特殊情形外，劳动者未以书面方式或未提前30日通知用人单位解除劳动合同的，属于违法解除劳动合同的情形。劳动者违反《劳动合同法》规定解除劳动合同，对用人单位造成损失的，用人单位可以根据《劳动合同法》第九十条及《人力资源社会保障部　最高人民法院关于劳动人事争议仲裁与诉讼衔接有关问题的意见（一）》（人社部发〔2022〕9号）的相关规定要求劳动者承担赔偿责任。

本案中，用人单位与劳动者双方当事人通过劳动合同约定劳动者需支付未提前30日以书面形式通知解除劳动合同的一个月工资属于惩罚性质违约金，既违反了《劳动合同法》第九条"用人单位招用劳动者，不得扣押劳动者的居民身份证和其他证件，不得要求劳动者提供担保或者以其他名义向劳动者收取财物"之规定，也违反了第二十五条"除本法第二十二条和第二十三条规定的情形外，用人单位不得与劳动者约定由劳动者承担违约金"之规定，更是违反了《劳动合同法》第三十七条关于劳动者提前通知解除的规定。由于违反了法律多项强制性规定，该约定条款应属于无效条款。所以某贸易公司不得以违约条款为由阻拦刘某辞职，更不能根据该无效条款在刘某12月正常提供劳动的情况下扣除当月工资。因此，仲裁委员会裁决某贸易公司支付刘某2018年12月1日至20日的工资2 800元。

用人单位应当尊重劳动者的提前通知解除权利，并通过完善管理制度、做好激励等多种方式留住真正优秀的人才，而不能采用禁止劳动者辞职或者辞职缴纳违约金、代通知金等违法方式侵害劳动者合法权益。与此同时，劳动者也应遵守诚信原则，提高职业素养，提前做好职业规划，认真履行解除劳动合同提前通知、办理工作交接等义务。

专题七 人事争议

46. 事业单位科研人员离岗创业期间受开除处分的，原单位能否与其解除聘用合同？

基本案情

2014年12月1日，刘某与某科学院（某地方政府直属事业单位）订立了6年期聘用合同，到某科学院从事科研工作。2017年10月，刘某与某科学院订立离岗协议，并变更聘用合同，约定2017年12月至2020年11月与某科学院保留人事关系，到某企业从事科研创新工作，期间服从企业工作安排。2018年9月，刘某公开发表的科研成果被认定存在大量伪造数据及捏造事实，造成严重不良社会影响。按照国家有关规定，某科学院决定给予刘某开除处分，并解除聘用合同。刘某认为其离岗创业期间与某科学院仅保留人事关系，根据离岗协议及聘用合同约定，应由企业进行管理，某科学院无权对其作出人事处理，遂向仲裁委员会申请仲裁。

申请人请求

裁决某科学院继续履行聘用合同。

处理结果

裁决驳回刘某的仲裁请求。

案例评析

本案的争议焦点是刘某离岗创业期间受开除处分，某科学院能否与其解除聘用合同。

《人力资源社会保障部关于支持和鼓励事业单位专业技术人员创新创业的指导意见》（人社部规〔2017〕4号，以下简称部规4号文件）规定，"事业单位专业技术人员离岗创业……可在3年内保留人事关系""离岗创业人员离岗创业期间执行原单位职称评审、培训、考核、奖励等管理制度""离岗创业期间违反事业单位工作人员管理相关规定的，按照事业单位人事管理条例等相关政策法规处理"。《人力资源社会保障部关于进一步支持和鼓励事业单位科研人员创新创业的指导意见》（人社部发〔2019〕137号，以下简称137号文件）将人员范围限定为"科研人员"，除对离岗创业期限有补充条款外，上述条款均继续有效。依据上述规定，事业单位科研人员离岗创业，并不改变其与原单位的人事关系，也不改变相关管理制度和管理方式。《事业单位人事管理条例》（以下简称《条例》）第十八条规定："事业单位工作人员受到开除处分的，解除聘用合同。"《事业单位工作人员处分规定》（以下简称《规定》）第六条规定，"受到开除处分的，自处分决定生效之日起，终止其与事业单位的人事关系"。也即，不同于《条例》第十五条所规定的事业单位工作人员旷工等事业单位"可以解除聘用合同"的情形，上述事业单位工作人员受到开除处分并规定人事关系终止或聘用合同解除的，属于法定解除情形，双方之间原有的权利义务不再存在，事业单位必须依法解除。

本案中，刘某在离岗创业期间身份仍为事业单位工作人员，属于《条例》及《规定》的适用范围。某科学院依法依规对刘某给予开除处分，刘某如对处分决定不服，可根据《条例》《规定》及《事业单位工作人员申诉规定》等有关规定申请复核、提出申诉。本案离岗协议及聘用合同所涉离岗创业期间服从企业工作安排的约定，应理解为是对刘某工作内容、工作方式的安排，并不改变其作为事业单位工作人员的受管理地位。因此，某科学院依据处分决定解除与刘某的聘用合同，符合法律和政策的规定，故仲裁委员会依法驳回刘某的仲裁请求。

支持和鼓励事业单位科研人员创新创业是国家加快实施创新驱动发展战略、壮大新动能的重要举措。做好这项工作，一方面要破除体制机制障碍，营造良好政策环境，解除科研人员后顾之忧；另一方面，也要完善配套的人事管理办法，保证工作健康有序开展。因此，部规4号文件和137号文件明确，虽然对离岗创业人员可实行特殊的工作模式、激励措施等，但其仍属于事业单位正式工作人员，仍具有公职人员身份，应当按照原有标准进行要求和管理。实践中，事业单位在根据上述规定灵活做好离岗创业人员服务，为其开展创新创业创造良好环境的同时，也需特别注意对离岗创业人员实施有效监督管理，敦促其规范自身行为、依法履职尽责。

47. 事业单位工作人员在试用期内被证明不符合岗位要求，聘用单位能否随时单方面解除聘用合同？

基本案情

2018年10月底，王某通过某大学组织的笔试、面试、考察等公开招聘程序，办理人事关系调入手续后入职该大学的校医院工作。2018年11月，该大学与王某订立了期限自2018年11月13日至2025年11月12日的聘用合同。聘用合同中约定，王某工作岗位为某大学校医院公共卫生部副主任（该岗位纳入了该大学岗位设置管理），月基本工资6 000元；试用期为3个月，如在试用期内被证明不符合岗位要求又不同意调整工作岗位，某大学可以随时单方面解除聘用合同。2018年12月12日，某大学向王某送达了转岗征求意见书，以王某在试用期内考核不合格为由提出将其工作岗位调整为校医院健康中心副主任。王某答复同意调整岗位。但2018年12月13日，某大学又向王某送达了解除聘用合同通知书，以其试用期内考核不合格为由提出解除聘用合同，并停发了王某的工资。王某不同意某大学解除聘用合同的决定，向仲裁委员会提出仲裁申请。

申请人请求

1. 某大学支付王某2018年10月30日至2018年12月12日期间未订立聘用合同的第二倍工资18 000元。

2. 撤销某大学作出的解除聘用合同的决定，继续履行聘用合同。

处理结果

在仲裁委员会主持下，双方当事人达成了调解协议：双方解除聘用合同，某大学向王某支付调解款项 12 000 元。

案例评析

本案的争议焦点是：王某请求某大学支付未订立聘用合同的第二倍工资是否属于仲裁委员会受理范围；某大学能否以试用期内考核不合格为由单方面解除与王某的聘用合同。

1. 王某请求某大学支付未订立聘用合同的第二倍工资是否属于仲裁委员会受理范围？

第一种观点认为，王某因某大学未及时与其订立聘用合同要求支付第二倍工资的请求属于"赔偿金"争议，不属于《劳动人事争议仲裁办案规则》第二条第三项规定的"事业单位与其建立人事关系的工作人员之间因终止人事关系以及履行聘用合同发生的争议"，不属于仲裁委员会受理范围。

第二种观点认为，《劳动合同法》第九十六条规定："事业单位与实行聘用制的工作人员订立、履行、变更、解除或者终止劳动合同，法律、行政法规或者国务院另有规定的，依照其规定；未作规定的，依照本法有关规定执行。"《关于在事业单位试行人员聘用制度的意见》规定，"人员聘用的基本程序是：……聘用单位法定代表人或者其委托的人与受聘人员签订聘用合同"。但是该意见及其他政策都没有对未及时订立聘用合同情形进行规定，因此，事业单位未与工作人员及时订立聘用合同的，应当根据《劳动合同法》第七条"用人单位自用工之日起即与劳动者建立劳动关系"的规定，认定双方存在劳动关系。仲裁委员会应当按照《劳动人事争议仲裁办案规则》第二条第一款"……事业单位、社会团体与其建立劳动关系的劳动者之间，因……经济补偿或者赔偿金等发生的争议"的规定予以受理。

《事业单位公开招聘人员暂行规定》第十一条规定,"公开招聘应按下列程序进行:……(八)签订聘用合同,办理聘用手续"。第二十五条规定:"用人单位法定代表人或者其委托人与受聘人员签订聘用合同,确立人事关系。"根据以上条款,订立聘用合同应当是办理聘用手续、确立人事关系的前提。《人事部关于印发〈事业单位试行人员聘用制度有关问题的解释〉的通知》(国人部发〔2003〕61号)规定:"试行人员聘用制度的事业单位中,原固定用人制度职工、合同制职工、新进事业单位的职工,包括工勤人员都要实行聘用制度。"《人事部关于印发〈《事业单位岗位设置管理试行办法》实施意见〉的通知》(国人部发〔2006〕87号)规定:"事业单位管理人员(职员)、专业技术人员和工勤技能人员,都要纳入岗位设置管理。"本案中,某大学在未与王某订立聘用合同的情况下,为其办理了人事关系调入手续,并且在王某实际到岗工作后,在岗位设置管理范围内与其订立了聘用合同。综合有关规定、王某入职方式、岗位管理情况以及后续聘用合同对于双方权利义务的约定,应当认定2018年10月双方已经建立了人事关系。因此,王某与某医院之间的争议,是基于人事关系产生的,应适用《劳动人事争议仲裁办案规则》第二条第三项规定,即王某主张未订立聘用合同的第二倍工资请求,不属于仲裁委员会受理范围。

2. 某大学能否以试用期内考核不合格为由单方面解除与王某的聘用合同?

第一种观点认为,根据《关于在事业单位试行人员聘用制度的意见》及聘用合同的约定,只有王某在试用期内被证明不符合本岗位要求又不同意单位调整其工作岗位的,某大学才可以随时单方面解除聘用合同。

第二种观点认为,按照新法优于旧法、特别法优于一般法的原则,根据《事业单位公开招聘人员暂行规定》第二十六条的规定,事业单位公开招聘的人员试用期满不合格的,即可取消聘用,不必经过调整岗位的程序。

《关于在事业单位试行人员聘用制度的意见》规定，受聘人员在试用期内被证明不符合本岗位要求又不同意单位调整其工作岗位的，聘用单位可以随时单方面解除聘用合同。《事业单位公开招聘人员暂行规定》第二十六条规定："事业单位公开招聘的人员按规定实行试用期制度。试用期包括在聘用合同期限内。试用期满合格的，予以正式聘用；不合格的，取消聘用。"需要注意的是，前者的规定是针对试用期内，而后者的规定是针对试用期满，二者并不冲突，不存在优先适用问题。第二种观点实际上对上述规定的理解存在偏差。具体到本案中，聘用合同约定王某的试用期为3个月，在此期间，该大学认为经考核其不符合岗位要求，可以依据《关于在事业单位试行人员聘用制度的意见》的规定和聘用合同的约定调整王某的工作岗位。如王某不同意调岗，则该大学可以单方面解除聘用合同。而王某同意调岗，某大学则应当安排其调岗，不能单方面解除聘用合同。如王某调岗后仍不能符合岗位要求，试用期满考核不合格，则某大学可以依据《事业单位公开招聘人员暂行规定》的规定单方面解除聘用合同、取消聘用。最终，在仲裁委员会进行法律释明后，双方达成了调解协议。

　　事业单位指国家为了社会公益目的，由国家机关举办或者其他组织利用国有资产举办的，从事教育、科技、文化、卫生等活动的社会服务组织。与企业人力资源管理相比，事业单位人事管理人身依附性、行政管理性更强。考虑事业单位的公益属性和管理特点，相关法律法规及政策对事业单位工作人员人事管理作出了相应的规定。在争议处理方面，事业单位工作人员与所在单位作为争议平等主体发生的争议，与劳动争议性质相同，可以适用《劳动争议调解仲裁法》的规定。2014年开始实施的《事业单位人事管理条例》原则规定，事业单位工作人员与所在单位发生人事争议的，依照《劳动争议调解仲裁法》等有关规定处理。而事业单位工作人员对考核结果、处分决定不服等争议不适用调解、仲裁程序，可以申请复核、提出申诉。《劳动人事争议仲裁办案规则》对事业单位人事争议的仲裁受理范围作出了不同于劳动争议的规定。随着近年来事业单位人事制度改革的不断推进，全国事业单位聘用制度推行基本实现全覆盖，但实践中也还存在部分事业单位不严格履行相关规定的情况。对此，应由事业单位人事综合管理部门通过完善聘用合同管理制度予以解决，而不应将其作为劳动争议通过仲裁程序处理。事业单位应当充分认识人事关系和劳动关系的区别，在人事管理中准确把握和严格执行相关法律法规及政策的规定。

48. 医师定期考核不合格，医院能否解除聘用合同？

基本案情

2017年8月，谢某与某医院订立了为期3年的聘用合同，入职该医院从事医师工作。在某医院组织的2018年年度考核中，谢某的考核结果为合格。2019年3月，谢某在市卫生健康委组织的医师定期考核中不合格，复考后仍不合格，医师执业证书被注销。2019年7月，某医院依据《事业单位人事管理条例》第十六条的规定，以谢某医师定期考核不合格，不符合医师执业岗位要求为由，作出与谢某解除聘用合同的决定。谢某认为医院解除聘用合同的行为不符合相关规定，向仲裁委员会提出仲裁申请。

申请人请求

撤销某医院与谢某解除聘用合同的决定。

处理结果

裁决撤销某医院作出的与谢某解除聘用合同的决定。

案例评析

本案的争议焦点是谢某的医师考核不合格，医院能否解除聘用合同。《事业单位人事管理条例》规定，"事业单位应当根据聘用合同规定的岗位职责任务，全面考核工作人员的表现，重点考核工作绩效""考核分为平时考核、年度考核和聘期考核""考核结果作为调整事业单位工作人员岗位、工资以及续订聘用合同的依据"。该条例第十五条至第十八条对事业单位解除聘用合同的情形进行了规定。其中，第十六条规定："事业单位工作人员年度考核不合格且不同意调整工作岗位，或者连续两年年度考核不合格的，事业单位提前30日书面通知，可以解除聘用合同。"综上，事业单位有权对其工作人员进行多种形式的考核，并依据考核结果调整事业单位工作人员岗位、工资，决定是否续订聘用合同等。但只有"年度考核不合格且不同意调整工作岗位，或者连续两年年度考核不合格"才是事业单位解除聘用合同的法定事由。根据《医师定期考核管理办法》的规定，医师定期考核"是指受县级以上地方人民政府卫生行政部门委托的机构或组织按照医师执业标准对医师的业务水平、工作成绩和职业道德进行的考核"。对考核不合格的医师，卫生行政部门可以责令其暂停执业活动3个月至6个月，并接受培训和继续医学教育；暂停执业活动期满，由考核机构再次进行考核。对考核合格者，允许其继续执业，但该医师在本考核周期内不得评优和晋升；对考核不合格的，由卫生行政部门注销注册，收回医师执业证书。医师定期考核与事业单位年度考核的主体、内容、标准及考核结果的运用都不相同，显然不能将医师定期考核不合格等同于年度考核不合格，作为解除聘用合同的依据。

考核是事业单位人事管理的重要环节，考核结果是调整岗位、工资以及续聘、解聘的依据，事业单位应当高度重视对工作人员的考核，明确考核标准、完善相应制度，充分发挥考核对于科学规范管理的重要作用。在部分有执业资格限制的行业，还存在行业性质的考核事项，如本案中的医师定期考核。此类考核不合格，可能丧失执业资格，造成无法从事原岗位工作的情况。对此，一是应当厘清二者的区别。不能以行业考核代替单位年度考核，否则依据其作出的人事处理决定难以得到仲裁委员会的支持。二是应当注重二者的结合。本案中，医院可以将通过医师定期考核或具有医师执业资格明确纳入考核标准，并依据考核结果对谢某作出岗位调整等人事处理。

专题八
劳动人事争议仲裁程序

49. 加班费的仲裁时效应当如何认定？

基本案情

张某于 2016 年 7 月入职某建筑公司从事施工管理工作，2019 年 2 月离职。工作期间，张某存在加班情形，但某建筑公司未支付其加班费。2019 年 12 月，张某向仲裁委员会申请仲裁，请求裁决某建筑公司依法支付其加班费，某建筑公司以张某的请求超过仲裁时效为由抗辩。张某不服仲裁裁决，诉至人民法院。

原告诉讼请求

判决某建筑公司支付加班费 46 293 元。

处理结果

一审法院判决：某建筑公司支付张某加班费 18 120 元。张某与某建筑公司均未提起上诉，一审判决已生效。

案例评析

本案的争议焦点是张某关于加班费的请求是否超过仲裁时效。

《劳动争议调解仲裁法》第二十七条规定："劳动争议申请仲裁的时效期间为一年。仲裁时效期间从当事人知道或者应当知道其权利被侵害之日起计算。……劳动关系存续期间因拖欠劳动报酬发生争议的，劳动者申请仲裁不受本条第一款规定的仲裁时效期间的限制；但是，劳动关系终止的，应当自劳动关系终止之日起一年内提出。"《劳动法》第四十四条规定:"有下列情形之一的,用人单位应当按照下列标准支付高于劳动者正常工作时间工资的工资报酬……"《关于工资总额组成的规定》第四条规定,"工资总额由下列6个部分组成:……(五)加班加点工资"。仲裁时效分为普通仲裁时效和特别仲裁时效,在劳动关系存续期间因拖欠劳动报酬发生劳动争议的,应当适用特别仲裁时效,即劳动关系存续期间的拖欠劳动报酬仲裁时效不受"知道或者应当知道其权利被侵害之日起一年"的限制,但是劳动关系终止的,应当自劳动关系终止之日起一年内提出。加班费属于劳动报酬,相关争议处理中应当适用特别仲裁时效。

本案中,某建筑公司主张张某加班费的请求已经超过了一年的仲裁时效,不应予以支持。人民法院认为,张某与某建筑公司的劳动合同于2019年2月解除,其支付加班费的请求应自劳动合同解除之日起一年内提出,张某于2019年12月提出仲裁申请,其请求并未超过仲裁时效。根据劳动保障监察机构在执法中调取的工资表上的考勤记录,人民法院认定张某存在加班的事实,判决某建筑公司支付张某加班费。

时效是指权利人不行使权利的事实状态持续经过法定期间,其权利即发生效力减损的制度。作为权利行使尤其是救济权行使期间的一种,时效既与当事人的实体权利密切相关,又与当事人通过相应的程序救济其权益密不可分。获取劳动报酬权是劳动权益中最基本、最重要的权益,考虑劳动者在劳动关系存续期间的弱势地位,法律对于拖欠劳动报酬争议设置了特别仲裁时效,对于有效保护劳动者权益具有重要意义。

〔选自《人力资源社会保障部 最高人民法院关于联合发布第二批劳动人事争议典型案例的通知》(人社部函〔2021〕90号)〕

50. 未休年休假工资报酬的仲裁时效如何计算？

基本案情

刘某于 2016 年 6 月入职某广告公司从事动漫设计工作。双方订立了劳动合同，期限为 2016 年 6 月 1 日至 2019 年 5 月 31 日，并约定工资标准为每月 5 000 元。在双方劳动合同期限届满时，刘某提出不再与该公司续签劳动合同，并于 2019 年 6 月 3 日办理了离职手续。刘某在职期间，未享受过带薪年休假，某广告公司也未支付过其带薪年休假工资。于是，刘某向该公司要求支付在职期间的带薪年休假工资 10 345 元。该公司不同意刘某的要求，并表示：首先，刘某在 2017 年 6 月之前不具备享受年休假的条件；其次，刘某 2017 年剩余天数所应享受的年休假已经超过仲裁时效；再次，由于公司 2018 年设计人员少，工作任务重，所以未能安排刘某休年休假，计划在 2019 年统一安排刘某的年休假，现刘某提出不再与公司续签劳动合同，这属于刘某主动放弃了休年休假的权利，故该公司不同意支付刘某未休带薪年休假工资。双方多次协商未果，2019 年 6 月 10 日，刘某向仲裁委员会提出仲裁申请。

申请人请求

某广告公司支付刘某在职期间未休带薪年休假工资 10 345 元。

处理结果

裁决某广告公司支付刘某 2017 年 6 月 1 日至 2019 年 6 月 3 日期间未

休带薪年休假工资 3 679 元。

案例评析

本案的争议焦点是：刘某从何时开始享受年休假；未休年休假工资报酬是否适用劳动报酬的特别时效；年休假能否跨年度安排。

1. 刘某从何时开始享受年休假？

《职工带薪年休假条例》第二条规定：机关、团体、企业、事业单位、民办非企业单位、有雇工的个体工商户等单位的职工连续工作 1 年以上的，享受带薪年休假。单位应当保证职工享受年休假。职工在年休假期间享受与正常工作期间相同的工资收入。《企业职工带薪年休假实施办法》第四条规定："年休假天数根据职工累计工作时间确定。职工在同一或者不同用人单位工作期间，以及依照法律、行政法规或者国务院规定视同工作期间，应当计为累计工作时间。"由此可见，劳动者只要在同一个单位或者不同单位连续工作满 12 个月以上的，就有权享受带薪年休假。

本案中，刘某于 2016 年 6 月到某广告公司工作，合同期限为 2016 年 6 月 1 日至 2019 年 5 月 31 日。虽然刘某在案件审理中主张其在 2016 年 6 月前在另一单位连续工作过两年，后入职某广告公司工作，但刘某却未能提交相应证据，故仲裁委员会确认刘某 2016 年 6 月 1 日至 2017 年 5 月 31 日连续工作满 12 个月。从 2017 年 6 月 1 日以后，刘某才有权享受带薪年休假。

2. 未休年休假工资报酬是否适用劳动报酬的特别时效？

《职工带薪年休假条例》第五条第三款规定："对职工应休未休的年休假天数，单位应当按照该职工日工资收入的 300% 支付年休假工资报酬。"《企业职工带薪年休假实施办法》第十条第一款还明确规定："用人单位经职工同意不安排年休假或者安排职工年休假天数少于应休年休假天数，应当在本年度内对职工应休未休年休假天数，按照其日工资收入的 300% 支付未休年休假工资报酬，其中包含用人单位支付职工正常工作期间的工资收入。"从上述规定可以看出，未休年休假工资报酬定性为工资报酬，应当适用《劳动争议调解仲裁法》第二十七条第四款"劳动关系存续期间因拖欠劳动报酬发生争议的,劳动者申请仲裁不受本条第一款规定的仲裁时效期间的限制;但是,劳动关系终止的,应当自劳动关系终止之日起一年内提出"的规定,即在劳动关系存续期间,只要有证据证明用人单位未安排劳动者休年休假,且未向劳动者支付未休年休假工资报酬的,此项仲裁请求不受一年仲裁时效的限制。本案中,2019年6月3日刘某离职,6月10日即申请劳动争议仲裁,其要求支付在职期间未休年休假工资报酬的请求可适用特殊时效规定,某广告公司关于刘某的请求超过仲裁时效的主张,仲裁委员会予以驳回。

3. 年休假能否跨年度安排?

《职工带薪年休假条例》第五条第一款规定:"单位根据生产、工作的具体情况,并考虑职工本人意愿,统筹安排职工年休假。"《企业职工带薪年休假实施办法》第九条规定:"用人单位根据生产、工作的具体情况,并考虑职工本人意愿,统筹安排年休假。用人单位确因工作需要不能安排职工年休假或者跨1个年度安排年休假的,应征得职工本人同意。"由此可见,带薪年休假以用人单位主动安排和劳动者本人申请相结合并根据需要由用人单位统筹安排批准,即以用人单位安排为主并兼顾劳动者意愿。年度内用人单位不能安排劳动者休年休假的,用人单位应当明确告知劳动者可以"选择跨年度休年休假还是放弃休假"。若劳动者放弃本年度休假的,用人单位应当依照《企业职工带薪年休假实施办法》第十条第一款之规定在本年度内支付劳动者未休年休假工资报酬。同理,双方劳动合同终止对用人单位来说也是可预期的,用人单位仍有安排劳动者享受年休假的义务。因此,本案中的某广告公司以刘某不续签劳动合同为由拒绝支付未休年休假工资报酬,不符合有关法律和规章的规定。最终,仲裁委员会裁决某广告公司应支付刘某2017年6月1日至2019年6月3日期间未休年休假工资报酬。

现有的法律政策明确规定用人单位具有主动安排职工休年休假的义务。同时,《企业职工带薪年休假实施办法》第十条第二款规定,"用人单位安排职工休年休假,但是职工因本人原因且书面提出不休年休假的,用人单位可以只支付其正常工作期间的工资收入"。因此，用人单位应当先履行安排劳动者休年休假的义务，如果劳动者因本人原因且书面提出不休年休假的，用人单位应当保留劳动者的书面申请材料，以避免日后双方产生未休年休假工资报酬争议。

51. 电子证据的采信应综合考量相关因素

基本案情

2015年10月14日吴某入职某科技公司，担任商务合作经理，双方订立了自2015年10月14日起至2018年10月13日止的劳动合同。劳动合同约定：吴某的职务为商务合作经理，主要工作是推销公司产品，属于外勤人员，工作地点为青岛；月基本工资为7 000元，绩效工资为1 500元；若连续旷工达到2日，某科技公司有权解除劳动合同。另外，该公司的网络考勤管理制度规定，除高级管理人员坐班外，公司外勤人员均不需要到公司坐班，采用网络考勤，即通过手机登录考勤软件打卡考勤，定位显示打卡地点不在住所即视为上班，否则视为旷工。2016年9月19日、20日考勤软件定位显示吴某的打卡地点与其住所相距仅十米，某科技公司认为吴某是在其住所打卡，属于旷工。2016年10月18日，某科技公司以旷工为由通知吴某解除劳动合同。吴某认可打卡地点离住所很近，但主张这两次打卡都是在离住所不远处工作时打的卡，并非旷工。

另外吴某还认为，自2016年8月起其岗位由商务合作经理调整为城市经理（仍属于外勤人员），城市经理的绩效工资执行关键绩效指标（简称KPI）考核办法，且每月绩效工资数额为8 000元，但是某科技公司仍按照原先1 500元/月的标准支付，绩效工资支付不足额，公司应予补发。吴某的依据是岗位变动通知电子邮件2份、KPI考核城市经理版打印件（无科技公司印章印迹）。某科技公司则否认给吴某变动过岗位，认为公司一直按照1 500元/月的标准给吴某发放绩效工资，吴某提供的岗位变动通知电子邮件系电子证据，可以随意改动，并不真实。双方协商未果，吴某遂提起劳动争议仲裁。

申请人请求

1. 确认某科技公司的解除劳动合同行为违法并支付违法解除劳动合同的赔偿金 28 000 元。

2. 支付 2016 年 8 月、9 月绩效工资差额 13 000 元。

处理结果

1. 裁决确认某科技公司的解除劳动合同行为违法并裁决某科技公司支付吴某违法解除劳动合同赔偿金 25 500 元（8 500 元 × 1.5 月 × 2 倍）。

2. 驳回吴某的其他仲裁请求。

案例评析

本案的争议焦点是如何确认吴某是否在其住所打卡和电子邮件是否可以直接作为认定事实的证据。

《劳动争议调解仲裁法》第六条规定："发生劳动争议，当事人对自己提出的主张，有责任提供证据。与争议事项有关的证据属于用人单位掌握管理的，用人单位应当提供；用人单位不提供的，应当承担不利后果。"本案中，某科技公司以旷工为由单方面解除劳动合同，该公司有责任举证旷工事实的发生。虽然某科技公司向仲裁庭提交的打卡明细记录表是真实的，但是该证据显示 9 月 19 日、20 日吴某的打卡地点并非其住所，而是与其住所相距十米的地点，且某科技公司的网络考勤管理制度未明确定位误差在多少米范围内视为在住所打卡。因此，仲裁庭认为公司认定吴某在相距其住所十米之处打卡为"在住所打卡"缺乏依据，某科技公司以吴某旷工为由解除劳动合同证据不足。

仲裁实践中，仲裁庭应当对当事人提交的电子证据进行真实性、合法性、关联性的审查。本案中，吴某主张自 2016 年 8 月起岗位变动导致绩效工资上涨,并提交了岗位变动通知电子邮件及 KPI 考核城市经理版打印件。其中,岗位变动通知电子邮件系电子证据,具有不稳定性及易变动性,又未经公证,仲裁庭无法核实该证据发送人、接收人的网络身份与现实身份的同一性,亦无其他关联证据与之形成完整的证据链,所以仲裁庭无法确认该电子证据的真实性及完整性。另外,KPI 考核城市经理版打印件无印章印迹且未获得某科技公司认可,该证据的真实性也不能确认,且与吴某有关岗位变动的主张并无直接关联。因此,吴某关于岗位变动导致绩效工资上涨的主张缺乏有效证据的证明,仲裁庭未予采信。

综上,仲裁庭依法裁决确认某科技公司违法解除劳动合同并裁决某科技公司向吴某支付违法解除劳动合同赔偿金;驳回吴某的其他仲裁请求。

52. 处理加班费争议，如何分配举证责任？

基本案情

林某于 2020 年 1 月入职某教育咨询公司，月工资为 6 000 元。2020 年 7 月，林某因个人原因提出解除劳动合同，并向仲裁委员会申请仲裁。林某主张其工作期间每周工作 6 天，并提交了某打卡 APP 打卡记录（显示林某及某教育咨询公司均实名认证，林某每周一至周六打卡；每天打卡两次，第一次打卡时间为早上 9 时左右，第二次打卡时间为下午 6 时左右；打卡地点均为某教育咨询公司所在位置，存在个别日期未打卡情形）、工资支付记录打印件（显示曾因事假扣发工资，扣发日期及天数与打卡记录一致，未显示加班费支付情况）。某教育咨询公司不认可上述证据的真实性，主张林某每周工作 5 天，但未提交考勤记录、工资支付记录。

申请人请求

裁决某教育咨询公司支付加班费 10 000 元。

处理结果

裁决某教育咨询公司支付林某加班费 10 000 元（裁决为终局裁决）。

案例评析

本案的争议焦点是如何分配林某与某教育咨询公司的举证责任。

《劳动争议调解仲裁法》第六条规定："发生劳动争议，当事人对自己提出的主张，有责任提供证据。与争议事项有关的证据属于用人单位掌握管理的，用人单位应当提供；用人单位不提供的，应当承担不利后果。"《最高人民法院关于审理劳动争议案件适用法律问题的解释（一）》第四十二条规定："劳动者主张加班费的，应当就加班事实的存在承担举证责任。但劳动者有证据证明用人单位掌握加班事实存在的证据，用人单位不提供的，由用人单位承担不利后果。"从上述条款可知，主张加班费的劳动者有责任按照"谁主张谁举证"的原则，就加班事实的存在提供证据，或者就相关证据属于用人单位掌握管理提供证据。用人单位应当提供而不提供有关证据的，可以推定劳动者加班事实存在。

本案中，虽然林某提交的工资支付记录为打印件，但与实名认证的APP打卡记录互相印证，能够证明某教育咨询公司掌握加班事实存在的证据。某教育咨询公司虽然不认可上述证据的真实性，但未提交反证或者作出合理解释，应承担不利后果。故仲裁委员会依法裁决某教育咨询公司支付林某加班费。

我国劳动法律将保护劳动者的合法权益作为立法宗旨之一，在实体和程序方面都作出了相应规定。在加班费争议处理中，要充分考虑劳动者举证能力不足的实际情况，根据"谁主张谁举证"原则、证明妨碍规则，结合具体案情合理分配用人单位与劳动者的举证责任。

［选自《人力资源社会保障部　最高人民法院关于联合发布第二批劳动人事争议典型案例的通知》（人社部函〔2021〕90号）］

53. 如何认定入职 20 天劳动者的月工资标准？

基本案情

2017 年 12 月 30 日，李某入职某设备公司担任文员，仅 20 天后李某就表示不喜欢该工作而离开了公司。因入职时间较短，某设备公司尚未与李某订立劳动合同，未为李某缴纳社会保险费，也未向李某支付过工资。不久，李某申请仲裁，要求支付工资。对于李某的月工资标准，双方陈述不一，且均未举证证明。

申请人请求

某设备公司支付李某在职期间工资 3 200 元。

处理结果

裁决某设备公司支付李某在职期间工资 3 200 元。

案例评析

本案的争议焦点是如何确定李某的月工资标准。对于李某的月工资标准，双方陈述不一，且均未举证证明。在这种情况下，该采信谁的主张呢？这就涉及举证责任的分配。

一般来说，涉及工资标准的举证责任应由用人单位承担。这是因为在用工实践中，相对于劳动者而言，用人单位处于强势地位，对劳动者进行用工管理。根据《工资支付暂行规定》第六条第三款"用人单位必须书面记录支付劳动者工资的数额、时间、领取者的姓名以及签字,并保存两年以上备查"的规定,用人单位负有保留工资支付记录的义务。同时,用人单位也应主动与劳动者订立劳动合同,就工资标准进行约定。

本案中,李某入职仅 20 天,尚未订立劳动合同,也尚未产生工资支付记录,从客观情况看,用人单位举证证明李某的工资标准也确实存在一定难度。为了更公平处理案件,仲裁委员会组织当事人进行协商,双方当事人自愿对李某的工资标准进行重新协商,双方同意按照公司从事同一岗位、具有同等工作量的员工的月工资标准,确定李某的月工资为 4 000 元。

如果本案双方当事人在案件审理过程中,未就工资标准达成一致,仲裁委员会该如何确定劳动者的工资标准?从举证责任分配看,虽然在劳动者入职仅 20 天的情况下,由用人单位举证证明其工资标准有一定的难度,但出于用人单位相对强势的地位和用工管理责任考虑,仍应由用人单位承担举证责任。因此,用人单位应尽早与劳动者订立书面劳动合同,明确工资标准。实践中,如果用人单位和劳动者都不能对工资标准举证的,仲裁委员会或者人民法院也可参照该单位同岗位的平均工资或当地在岗职工平均工资水平,按照有利于劳动者的原则计算确定。

54. 如何快速处理拖欠农民工工资集体劳动争议？

基本案情

2018年，王某等142名农民工与某汽车配件公司订立劳动合同，从事汽车配件制作、销售等工作。2019年4月，该公司全面停工停产，并开始拖欠工资。2019年9月3日以后，该公司陆续邮寄了书面解除劳动合同通知，但未涉及拖欠工资事项。2019年9月15日，王某等142名农民工向仲裁委员会申请仲裁。

申请人请求

裁决某汽车配件公司支付拖欠的工资等。

处理结果

经仲裁委员会调解，王某等142名农民工与某汽车配件公司当庭达成调解协议，由该公司于调解书生效后10日内支付工资等金额共计145万元。

案例评析

本案中，仲裁委员会采取的快速处理拖欠农民工工资集体劳动争议方法值得借鉴。

1. 建立拖欠农民工工资争议快速处理机制

人力资源社会保障部、最高人民法院等五部门联合下发的《关于实施"护薪"行动全力做好拖欠农民工工资争议处理工作的通知》（人社部发

〔2019〕80号,以下简称《"护薪"行动通知》)提出:"仲裁委员会要对拖欠农民工工资争议实行全程优先处理。"《劳动人事争议仲裁办案规则》第五十八条规定:"简易处理的案件,经与被申请人协商同意,仲裁庭可以缩短或者取消答辩期。"本案中,仲裁委员会为王某等142名农民工开通"绿色通道",于收到仲裁申请当日立案,通过简化优化仲裁程序,将能合并送达的开庭、举证通知等仲裁文书一并送达。此外,在征询双方当事人同意后,对本案取消了答辩期,于立案后两个工作日即开庭审理,并对当庭达成调解协议的,当庭制作、送达调解书。

2. 运用要素式办案方式

要素式办案是指围绕案件争议要素加强案前引导、优化庭审程序、简化裁决文书的仲裁处理方式,对于创新仲裁办案方式,优化仲裁程序,提升办案效能,满足当事人快速解决争议的需要具有重要意义。《劳动法》第五十条规定:"工资应当以货币形式按月支付给劳动者本人。不得克扣或者无故拖欠劳动者的工资。"本案中,仲裁委员会以仲裁申请书为基础,提炼案件要素并梳理总结争议焦点,考虑到案件同质性强且涉及劳动者人数较多的实际情况,在开庭前对农民工代表及委托代理人制作要素谈话笔录,明确入职时间、工资标准、拖欠工资数额、劳动合同解除时间等要素,并在开庭前安排某汽车配件公司代理人逐一核对王某等农民工的请求事项,对于无争议要素由代理人签字确认,对于有争议要素由代理人当场写明理由及依据。

3. 发挥工会、企业代表组织协商作用

根据要素谈话笔录的信息,仲裁委员会理清了案情脉络,并及时引入社会力量,会同当地工会、工商联等,启动集体劳动争议应急预案,由工会、工商联派人与农民工代表、某汽车配件公司反复沟通协商,充分解答双方咨询的法律问题、释明法律风险,为仲裁调解奠定了良好基础。

4. 通过调解化解争议

《劳动人事争议仲裁办案规则》第六十六条第一款规定:"仲裁庭处理集体劳动人事争议,开庭前应当引导当事人自行协商,或者先行调解。"在2019年9月18日仲裁庭审中,仲裁庭分别进行了"面对面"和"背对背"调解，对涉及停工停产后劳动报酬的支付问题、劳动争议的"一裁两审"程序等进行了解释说明，从经济成本、时间成本、社会诚信以及和谐劳动关系等角度引导双方当事人协商，最终双方就工资支付数额、期限和方式达成一致，并当庭制作 142 份调解书送达了双方当事人。

依法及时有效保障农民工工资权益，关系到人民群众的切身利益，关系到社会和谐稳定，是实现社会公平正义的必然要求，是践行立党为公、执政为民理念的具体体现。人力资源社会保障部、最高人民法院等下发的《"护薪"行动通知》，要求完善协商、调解、仲裁、诉讼相互协调、有序衔接的多元处理机制。发生拖欠农民工工资集体劳动争议时，要根据国家有关保障工资支付的法律和政策规定，先行引导当事人到专业性劳动争议调解组织进行调解；调解不成的，则需及时引导进入仲裁程序，要充分发挥协商、调解在争议处理中的基础性作用和仲裁准司法的优势，发挥人社部门、工会和企业代表组织等有关部门的合力及与司法的联动效能，共同解决好拖欠农民工工资集体劳动争议，实现政治效果、法律效果与社会效果的统一。